Colección Archivos de Didáctica
Serie **Fichas de Investigación**

Director: José Villella

Corrección general y cuidado de la edición, a cargo de
Laura Petz

La maquetación y el armado del interior estuvieron a cargo de
Laura Bono

El diseño de cubierta fue realizado por
Ángel Vega

El diseño del interior fue realizado por
Gerardo Miño

Primera edición
Abril de 2021

ISBN: 978-84-18095-68-9
DEPÓSITO LEGAL: M-7594-2021
THEMA: PBM [Geometría]

Editado en
Buenos Aires,
Argentina

Cuatro estudios didácticos para la formación de docentes de Matemática

Rosa A. Ferragina (editora)

UNSAM
EDITA

Índice

PRÓLOGO
Formarse para ser docente

por José A. Villella

> *Pienso que el modo en el que funcionan las matemáticas*
> *en el cuerpo general de la enseñanza no es lo que debería ser*
> *y tal vez nunca fue exactamente lo que podría ser (...)*
> *Cuando se enseña matemática, ante todo hay que lograr*
> *la convicción de que es interesante.*
> Alain Badiou, 2016[1]

A lo largo del siglo XX, el conocimiento ha variado su naturaleza y su papel en la sociedad, lo que ha comportado la necesidad de modificar nuestro trato con él. Hemos pasado de una relación de dominio del conocimiento (propia del siglo anterior) a otra de gestión y uso competente de este conocimiento en nuestro siglo. Este hecho ha provocado un cambio en nuestras concepciones sobre formación, enseñanza, docencia y evaluación.

Sobre la base de esta realidad, en algunos países la formación docente ha dejado de estructurarse a partir de los conocimientos para hacerlo desde las competencias profesionales. Están siguiendo un proceso de desarrollo curricular basado en este itinerario: definición del perfil del profesional que se quiere formar; identificación de su rol y funciones y competencias que lleva asociadas; análisis de los contextos en que se tendrán que aplicar y generación de estrategias de aprendizaje y de evaluación que permitan su desarrollo.

Este planteo pone un especial énfasis en el establecimiento de fuertes nexos entre competencia, persona, tarea y contexto. Bajo esta conceptualización, desarrollar el uso competencial de un conjunto de conocimientos y habilidades integrados sobrepasa su dominio o aplicación mecánica y hábil. Implica interacción, mediación y gestión entre el conocimiento y la realidad física, social o cultural. También supone actuar con efectividad y eficiencia no solo en la aplicación, sino en la interpretación del contexto y sus significados. Así, la adquisición de una nueva competencia comporta un efecto directo sobre nuestra capacidad para interpretar y dotar de nuevos sentidos a la

---

[1] La cita es un fragmento de las conclusiones del libro *Elogio de las matemáticas* que contiene una conversación entre Gilles Haéri y Alain Badiou (filósofo, novelista, dramaturgo y profesor emérito de ENS de Francia), publicado en 2016 en Argentina por Capital Intelectual.

realidad sobre la que actuamos. Desde esta dimensión, resolver problemas didácticos que caracterizan a la práctica docente aporta otras metáforas que actúan de mediadores en nuestras interacciones con la realidad. Surgen, entonces, significados nuevos y más relevantes que modifican lo que entendíamos otrora como proceso de aprendizaje en el aula de formación docente.

La formación docente: un debate abierto

Un modelo de formación es una construcción teórica que nos permite diferenciar distintos modos de fomentar actitudes y aptitudes en los futuros profesores, de acuerdo con ciertas cualidades que determinan su profesión. Se crean así escenarios de formación que evolucionan desde la toma de cursos en forma pasiva a la asunción de mayor compromiso respecto de la práctica docente y de su inserción en la escuela. Esto nos permite diferenciar entre un profesor que requiere de un modelo de formación transmisivo; un profesor que se ajusta a un modelo de formación autónomo y uno que se involucra en la investigación. Todos estos pueden –y es de esperar que así sea– evolucionar hacia el requerimiento de un modelo de formación que redunde positivamente en la escuela.

Las políticas educativas se enfrentan a una paradoja creada por ellas mismas quizás de forma inconsciente. Se les ofrece la idea, a profesores y escuelas, de una mayor autonomía para responder las necesidades locales. Pero, a la vez se les dice claramente cuáles deben ser los resultados a los que deben llegar, acordes con los que cada jurisdicción se ha autoimpuesto como logros. Entonces, la paradoja consiste en que por un lado se les otorga a los docentes mayor autonomía para desarrollar sus clases en las instituciones donde realizan su tarea pero a su vez, se les restringe más el poder de selección de contenidos y armado de secuencias de enseñanza. Puesto que, los primeros vienen jerarquizados y organizados por los distintos diseños curriculares y las segundas indicadas, directa o indirectamente, a través de las sugerencias curriculares que llegan a las escuelas. Pareciera que en la actualidad el docente se enfrenta a un doble discurso: aquel que le pide que reflexione sobre su práctica, que analice críticamente su acción y el otro que le propone la pasividad que impone el no pensar sobre la enseñanza más que como un *corpus* de situaciones simples que descomplejizan el conocimiento a enseñar.

Desarrollarse como profesor de cualquier asignatura y en especial de matemática, que es la idea central que propone este libro, supone un proceso de aprendizaje profesional que puede tomar en cuenta cuatro dimensiones: *acción, reflexión, autonomía y comunicación*. Estas dimensiones, que podemos llamar componentes del conocimiento profesional, ponen en íntima relación a los conceptos teóricos y los prácticos en la formación. La acción es concebida como la actitud y competencia desarrollada en el trabajo de construcción de conocimientos matemáticos en el aula; la reflexión como la posibilidad de criticar sistemática y reflexivamente la propia práctica que se desarrolla en ella; la autonomía como la capacidad para organizar, determinar y desarrollar el propio trabajo y la comunicación como la posibilidad de dar a conocer lo que se hace en orden a permitir que otros opinen sobre el trabajo y este se nutra de esas opiniones.

De este modo, el docente que se forma para trabajar en y sobre su práctica puede construir su identidad profesional. Toma en consideración sus propias impresiones acerca de su rol, así como la de la comunidad en la que su accionar impacta, piensa en el hecho educativo (relación dinámica entre los saberes matemáticos escolares, los docentes y los alumnos) y le da sentido a cada uno de los sistemas que lo conforman:

- *La matemática y los futuros docentes*: los docentes requieren un proceso de formación inicial que les permita adquirir la aptitud necesaria para intervenir en el hecho educativo en función del conocimiento de y sobre la matemática. Esto supone estar en posesión del entramado de relaciones entre los conceptos que la vertebran y del significado que los mismos adquieren cuando se usan como objetos de estudio o herramientas de aplicación.
- *Los docentes y los estudiantes*: es seguramente la relación que más peso tiene en el proceso de aprendizaje y por lo tanto en el diseño y gestión de la enseñanza de la matemática, ya que son los estudiantes quienes toman una actitud más activa en todo el hecho educativo. Le corresponde al futuro docente aprender cómo llevar a cabo la difícil tarea de asegurar el proceso de institucionalización de los saberes y a ser cuidadoso en la orientación y guía de sus estudiantes en el mismo, haciendo que ellos asuman su responsabilidad en cuanto a los saberes que deben aprender.
- *Los estudiantes y la matemática*: se trata de hacer explícitas las relaciones que los estudiantes ya tienen con la asignatura desde la experimentación con objetos matemáticos con los que estuvieron en contacto antes de ingresar al sistema formal de enseñanza, para que puedan llegar al proceso de axiomatización del concepto en cuestión. Asumimos que la relación constructiva del estudiante frente al saber puede estar plagada de lo que el docente considere fallos, los cuales en realidad suponen las distancias entre lo que se cree y lo que se debe saber. Esa distancia debe tomarse como medida del acercamiento lógico al saber en cuestión y no como

cuantificación de su alejamiento (visión positiva del error en el proceso de construcción).

- *La matemática y el entorno*: hacemos aquí referencia a la necesidad de poblar el desarrollo de las secuencias de enseñanza con elementos que surgen del entorno directo en el que el alumno desarrolla su acción y en donde la escuela está emplazada. No se trata de llevar al aula la realidad con su alta y compleja red de relaciones, pero sí de proveer ejemplos que surjan de aquella para que las aplicaciones cobren visos de significatividad.
- *Los docentes y el entorno*: si tomamos el entorno como la fuente de los conflictos que invaden la profesión: sueldos, padres y sus demandas, cambios del marco regulatorio de la actividad de enseñar, etcétera, el mismo actúa negativamente en la gestión de la clase. Sin desconocer que esto puede pasar, lo que proponemos es que sean ese entorno y esas dificultades las que enmarquen de "realismo" las situaciones propuestas. Es en el entorno donde el futuro docente podrá encontrar la fuente de recursos y materiales para el desarrollo de sus secuencias de enseñanza relativas a la matemática.
- *Los estudiantes y el entorno*: en esta relación haremos hincapié en detectar cuáles son los intereses que mueven a los estudiantes hacia el aprendizaje. Del entorno del alumno extraeremos las expresiones que permitan la negociación didáctica a realizar para la incorporación paulatina de los saberes relativos a la matemática que se debe desarrollar.

Cuando se toman en cuenta estas dimensiones, se abandona el aula de formación basada en un modelo transmisivo para llevarla a un modelo de corte investigativo. Decimos esto porque, en el primer modelo, las actividades de formación se basan en el pasaje de información matemática y se operativiza mediante cursos temáticos de comunicación vertical; mientras que el modelo investigativo se basa en la documentación, aplicación y reflexión, en la investigación-acción. De esta manera, el término profesión adquiere significados distintos debido a que el modelo de formación hace hincapié en diferentes aspectos de su organización. No supone una definición fija, como una idea universal que se sitúa al margen de toda dimensión espacial y/o temporal. Es un significante cuyo concepto construido socialmente varía en el marco de sus relaciones con las condiciones sociales del empleo del docente. Así, el conocimiento profesional de los docentes de matemática depende del contexto, en tanto habita en una trama social de relaciones de poder.

No basta con decir que debemos formar profesores reflexivos que sean capaces de disfrutar de un grado mayor de autonomía. Se torna necesario establecer tradiciones de pensamiento y reflexión que fundamenten tales declaraciones y contemplen, entre otros, dos tipos de saberes básicos:

- Conocimiento de tipo teórico, que surge como explicación de lo que sucede en la práctica. Es proposicional, está formulado en términos abstractos y generales. Sus aseveraciones pueden ser explicadas, investigadas, transmitidas y forman parte de una teoría. Al ser considerados verdaderos son universales, atemporales y objetivos.
- Conocimiento de tipo práctico, que se relaciona con la toma de decisiones que se producen en el mismo terreno donde se desarrolla la actividad. Se basa en el entendimiento de numerosos casos concretos y complejos que surgen de diversas situaciones de la práctica. Se contextualiza en situaciones particulares, con afirmaciones que no son universales y se constituye en un conocimiento de tipo perceptual.

Del aula de formación al aula de actuación profesional

En párrafos anteriores propusimos adentrarnos en el mundo de los saberes profesionales. Lo hacemos porque creemos que reflexionar sobre lo que sucede en el aula, supone tomar en cuenta que:

- hay que pensar en los docentes y sus prácticas destinadas a un otro con el que se establece esa relación de enseñanza y de aprendizaje;
- el contenido que circula en el aula tiene sentido en un marco social, en un momento y proceso histórico:, ya que genera vivencias particulares y acciones específicas;
- entre docentes y alumnos, y la mediación de los contenidos que circulan, se hace una construcción social que parte de individualidades para convertirse en un nosotros cultural;
- hay factores que obstaculizan y otros que favorecen el aprendizaje que no se hace de forma natural por la predisposición de la escucha y requiere de un escenario construido *ad hoc*, un escenario didáctico que genere una situación de aprendizaje;
- las intervenciones didácticas condicionan el aprendizaje.

En esta reflexión, la decisión de qué y cómo se enseña matemática supone la consideración de aquello que resulta relevante, significativo, valioso dentro del contenido de enseñanza y del proceso de aprendizaje de los estudiantes. Así, si decidimos enseñarla a través de la resolución de problemas, determinar qué priorizar durante el proceso está en relación con el conocimiento de los mecanismos del aprendizaje, en cómo este se produce, cuáles son sus regularidades, sus atributos y sus condiciones en el contexto del escenario del aula.

A la resolución de problemas podemos considerarla como el proceso mediante el cual se aplican conocimientos previamente adquiridos a situaciones nuevas que distan de ser familiares respecto de aquellas en las que tuvieron origen. De esta manera, para aprender un contenido cualquiera, los que resuelvan los problemas deben involucrarse en la exploración, conjeturación y en el proceso de razonamiento, más que en el aprendizaje memorístico de datos, reglas, procedimientos.

Cuando los profesores elegimos esta forma de organización del aula, asumimos que en la clase se produce una suerte de negociación entre los intereses de los alumnos y los nuestros. Los primeros se basan en la significatividad de los contenidos a desarrollar; los segundos en la epistemología subyacente a los contenidos prescriptos curricularmente. En esta negociación, los profesores somos los mediadores naturales entre los contenidos y los alumnos y mientras nosotros diseñamos e implementamos situaciones de enseñanza, los alumnos desarrollan estrategias de solución que en su conjunto determinan un proyecto de actividad en el aula.

Problematizar los contenidos, en orden a institucionalizarlos, requiere entonces de un trabajo profesional por parte del docente, que consiste en presentar los contenidos como fuente de problemas. Estos problemas deben cumplir con ciertas características:

- sin ser triviales, tienen que ser asequibles a los estudiantes y tomar como criterio el dominio que estos tienen de los conocimientos previos pertinentes para la situación,
- sin ser de sencilla resolución, no requieren del uso de ideas sofisticadas o un número elevado de procedimientos mecánicos,
- sin tener infinitas formas de desarrollo, admiten por lo menos más de dos caminos o métodos de solución,
- sin transformarse en tratados sobre los contenidos que desarrollan, los muestran en su total plenitud y dejan entrever su lugar en la red conceptual que sustentan,
- sin ser evidentes en cuanto a su respuesta, no conllevan trucos o soluciones que no tienen explicación en el marco del contexto escolar.

En términos generales diremos que un problema es una situación abierta, que reta intelectualmente a alguien que no posee inmediatamente métodos, procedimientos, algoritmos directos suficientes para responder y que tiene ciertos componentes:

- el interrogante que da razón de ser a la situación: la pregunta mediante la cual se da origen al entramado del diseño de estrategias de solución que no debe poder resolverse por respuestas dicotómicas (si-no; verdadero-falso),

- el interés que se manifiesta en quien lo va a resolver para que se genere la propuesta de solución que se busca,
- la inexistencia de una solución inmediata,
- la necesidad de desarrollar más de un camino o forma de resolución.

La problematización de los saberes supera la relación intrínseca que sustenta la dupla conocer-actuar en tanto genera indagación reflexiva. El aula donde se implementa se convierte en una comunidad de aprendizaje que fomenta la representación y organización interna del conocimiento, realzando las relaciones entre las distintas unidades de información que componen los campos de las redes conceptuales que las sustentan.

Otro perfil profesional para otro docente de matemática

En los apartados anteriores explicitamos cómo los saberes de los profesores aparecen en un complejo entramado dado que son al mismo tiempo saberes explícitos y ocultos; intuitivos y reflexivos; fragmentarios y sistematizados; racionales y subjetivos, asimilados y precariamente aprendidos. Así, intentamos demostrar que la práctica docente no es una acción que deriva de un conocimiento previo, sino una actividad que genera cultura intelectual en forma paralela a su existencia. Esto requiere de un profesional formado con capacidad de "leer en forma permanente" su hacer cotidiano, de reflexionar y reconsiderar el sentido de sus saberes y la reconceptualización de la propia práctica. Es necesario que el futuro profesor se forme en un ámbito donde se integre lo disciplinar con un nivel analítico de lo escolar. Puesto que la escuela es la primera esfera de determinación de la práctica para la que se está formando. Hace de mediadora entre lo que ocurre en la práctica de la enseñanza de la matemática y el sistema social.

Este profesor así formado debe asumirse como un sujeto particular, concreto e histórico, que como tal se apropia del sistema de usos y expectativas de la escuela en la que va a trabajar. De este modo, comprende que en el trabajo docente no todo es reproducción: hay un margen importante para la autonomía. Su práctica integra diferentes saberes: los curriculares, los disciplinares, los profesionales, los de la experiencia. Con algunos de ellos mantiene una relación de exterioridad, en tanto no son responsables de su construcción y, con otros, de interioridad, en tanto los construye desde su práctica profesional.

A ese "otro" docente está dirigido este libro, surgido como fruto de la reflexión sobre diferentes trabajos de investigación que, con el formato académico de tesis, fueron defendidos y aprobados ante la comunidad académica de didactas de la matemática.

Un libro, este libro, como recurso para la formación profesional

Podemos decir que un libro de texto es una gramática social, es decir, una trama de significados relativos a contextos históricos particulares, que como prosa instructiva tiene la función de enseñar. En este caso, lo hace al ofrecer los recursos y medios para ayudar a producir los cambios conductuales que creemos necesarios al perfil profesional del docente de matemática que se forma para serlo.

Esta es una obra de tipo instructivo. No solo informa al lector sobre un contenido particular –la reflexión sobre la enseñanza de la matemática a través de ejemplos de secuencias de enseñanza y métodos de análisis didáctico– sino que además proporciona explicaciones que muestran con claridad las relaciones entre hechos, conceptos, teorías y contextos de observación u ocurrencia.

Rosa Ferragina ha editado la obra con este propósito editorial. Su trabajo ha sido hilvanar las propuestas de todos los autores con un hilo tan sutil como potente: la reflexión sobre la práctica. El lector ideal que se tuvo *in mente* durante el proceso creativo, se transforma en el lector real: el docente que enseña matemática en la escuela y aquel que se forma para hacerlo. Para lograr su propósito, Rosa ha puesto la obra en diálogo entre los lectores y los autores. Este diálogo fue posible cuando los autores pensaron sus escritos desde su propio rol docente, al compartir con sus pares sus experiencias, recorridos de formación e inquietudes que emergen de su capacidad de pensar y repensar su propia práctica.

Cada capítulo tiene un porqué y un cómo. El que firma Rosa Ferragina, abreva en la Historia de la Matemática para mostrar cómo un *software* de geometría dinámica impacta en el desarrollo del contenido de la matemática. La autora no se detiene en el análisis de las bondades o limitaciones de la herramienta como tal, sino que lleva al lector a visitar esos mismos lugares históricos como una forma de reconstruir el proceso de escritura de su tesis. Allí dialoga con autores clásicos y encuentra en sus definiciones puntos de contacto con los que una pregunta, una actividad, una secuencia de clase pueden cruzarse cuando se trabaja geometría mediada por *software*. Su definición de "punto dinámico" como construcción teórica a partir de la exploración de situaciones prácticas que traspasan la imagen de la pantalla en la que se trabajan, interpela al lector para que valorice la historia de la disciplina que enseña, como fuente de fundamentos epistemológicos de los procedimientos desarrollados con la tecnología. Dejarse llevar por su escritura para pasear comprometidamente por el paisaje de la historia de la matemática y encontrar en cada rincón de ese viaje fotografías reveladoras de los fundamentos de los temas que enseñamos, es un recorrido interesante y desafiante.

Leonardo Lupinacci nos invita a repensar las redes conceptuales en las que las integrales cobran importancia. Con los prismáticos orientados en la caracterización de las distintas formas de resolver un problema de integrales con *software* de geometría dinámica, Leonardo logra cuestionar nuestros saberes respecto de este concepto matemático y cómo lo ponemos en acto. Su escritura nos invita a recorrer históricamente esas redes conceptuales donde las integrales cobran sentido e importancia epistemológica poniendo énfasis en la práctica de su enseñanza. Problemas de contexto matemático y relacionados con el quehacer cotidiano son analizados desde lo disciplinar y enriquecidos con análisis didácticos, que hacen de su lectura un minucioso repertorio para repensar cómo enseñarlos. Las interacciones entre quienes resuelven y cómo lo hacen cuando usan algún *software* nos ofrecen una recopilación minuciosa acerca de cómo pueden verse transformadas nuestras aulas cuando llevamos estas ideas a la práctica.

Victoria Güerci interpela nuestras ideas sobre la probabilidad y nos cuestiona como usuarios y enseñantes de las mismas. A través de su prosa, la autora logra relacionar problemas clásicos con situaciones cotidianas. Analiza los fundamentos de esos problemas y pone en evidencia su valor conceptual. Al mismo tiempo, las situaciones cotidianas le permiten tejer puentes entre conceptos y situaciones prácticas, lo que genera una dinámica de producción que invita a los lectores a "jugar" con el tema. Pone en evidencia la importancia del desarrollo del pensamiento probabilístico en los alumnos de la escuela secundaria y al mismo tiempo genera en el docente la necesidad de repensar cómo organizar las secuencias de enseñanza para que ese objetivo se lleve a cabo. Un repertorio de problemas recorre el capítulo, que se ilumina con el análisis didáctico de los mismos.

Fernando Bifano escribe sobre los recursos que los docentes usamos cuando ponemos en acto las secuencias de enseñanza que diseñamos. Muestra desde sus ideas cómo, al seleccionar recursos para enseñar matemática desplegamos un trabajo colectivo y a la vez colaborativo. Desde el relato de una experiencia de formación permanente de la que recupera la idea de bitácora como memoria de trabajo, el autor nos hace construir la idea de recurso como aquello que vuelve a la fuente, lo que vuelve a alimentar el trabajo del profesor y genera reflexión como motor para el desarrollo profesional. Las "voces" de los docentes que participaron de su trabajo de investigación, plasmadas en fragmentos de diálogos, nos permiten adentrarnos en la tarea de la reflexión sobre la práctica y en cómo ese ejercicio profesional denota la posesión de competencias profesionales que delinean a este otro docente que intentamos formar.

Este libro intenta ser un puente entre la formación inicial del profesor de matemática y el ejercicio de la reflexión sobre su accionar. Su función principal es la de permitir discutir y decidir, con criterio, sobre un itinerario en un determinado espacio de formación. Aun cuando se conozca la existencia de ese espacio pero no se lo haya atravesado en ninguna ocasión. En esta situación así descripta, este libro como el puente toma el lugar del territorio, de ese espacio que se quiere unir: lo reemplaza, transformándose en su sustituto, en una representación. Es en ese puente, en función de lo que representa –fruto de la selección de elementos tomados como significativos y por lo tanto conservados– donde se define una discusión desde un punto de vista y con relación a un proyecto determinado. De esta manera, diremos que un puente no es ideológicamente neutro –este libro tampoco lo es– y se transforma en objeto de estudio y reflexión dependiendo de los intereses de quienes lo encargan, lo hacen o lo transitan. Al valorizar ciertos puntos de vista, determina o presupone una toma de postura, es resultado de una negociación (explícita o implícita) y de relaciones de fuerza entre cierto número de intereses.

Este libro se escribió sobre la base de una idea de formación y por ello no responde a un juego intelectual gratuito: es inservible, como lo es un puente, si no se sabe cómo cruzarlo. Durante su recorrido se mantiene cierta fidelidad a lo que representa y se carga de una parte de creatividad y de invención. Quienes lo atraviesen lo deberán hacer de forma activa, poniendo su impronta en ello. Así lo resignificarán, lo actualizarán y lo percibirán de una manera nueva, aunque ello no le otorgue carácter de novedoso, en tanto sigue siendo el mismo objeto que había sido antes diseñado.

Esperamos que disfruten atravesarlo.

CAPÍTULO 1

Entre el pizarrón y la pantalla: el lugar geométrico bisectriz como constructo teórico mediado por un *software* de geometría dinámica

por Rosa A. Ferragina

1. De la geometría sintética a la analítica

> *Entre todas estas vicisitudes que a grandes rasgos presiden la evolución de la matemática, que considero de interés y actualidad y que se refiere en particular al campo de la geometría. Se trata de una lucha periódica, con períodos variables y alternativos de triunfo y derrota para ambas partes, entre la llamada geometría analítica y la geometría sintética.*
>
> Santaló, L., 1960: 10

Las palabras de Santaló nos permiten repensar cómo se conforman estos dos pilares del estudio de la geometría, con avances, relaciones, preferencias, en cuanto a caminos y desarrollos en ambas perspectivas. Es por eso que se hace necesario contar con los aportes de una bibliografía que dé cuenta de estas posiciones a través de los años y, que la conforme como fundante en el recorrido que propondremos. El análisis de fuentes históricas-epistemológicas, nos posibilitará realizar un replanteo de la relación actual entre estas dos perspectivas geométricas y, cómo puede ser influenciada cuando incorporamos en el análisis un *software* de geometría dinámica (SGD).

Historiadores como Rey Pastor y Babini (1980), Boyer (1994) y Collette (1980) sostienen un carácter práctico como origen de la Geometría, ya que su nombre alude a "medir la tierra" y a lo que medían: longitudes, ángulos, superficies y volúmenes de los utensilios que fabricaban. De ese modo, las comunidades descubrían relaciones entre sus elementos, que hoy llamaríamos fórmulas, con las que planteaban y resolvían problemas que hacían referencia a cuestiones particulares que necesitaban. Las relaciones que encontraron fueron basales para la conformación de la obra *Elementos*, escrita por Euclides (300 a.C., aprox.). Este es un texto que compendia toda la matemática elemental de la época: la aritmética o teoría de números, la geometría sintética (de puntos, rectas, planos, círculos y esferas) y el álgebra (como una interpretación de relaciones geométricas).

Tenemos, entonces, una primera caracterización de la geometría sintética como la que utiliza los métodos de los *Elementos* de Euclides para resolver problemas de construcción geométrica con regla y compás. Un gran número de esas construcciones no hacen referencia a las medidas de los elementos (lados, ángulos, radios, medianas, bisectrices, etcétera) que caracterizan a las figuras geométricas.

El surgimiento de otra perspectiva geométrica tuvo que esperar años, más exactamente siglos. El siglo XVII pone en contacto los antiguos problemas griegos de la mano de traducciones árabes, la consolidación de los avances algebraicos y la reinterpretación de las obras de Euclides, Arquímedes, Apolonio, Diofanto y Pappus, le otorgan a la geometría un método de generalidad que no tenía. Descartes (1596-1650) y Fermat (1661-1665), con la *Geometría* e *Introducción a la teoría de los lugares planos y espaciales*, respectivamente, dan inicio a lo que actualmente se conoce como una rama de la matemática, la geometría analítica. Estos trabajos tienen basamentos en la geometría griega, pero plantean como premisa principal encontrar nuevos métodos que sean más simples, operativos y, sobre todo, más generales.

Diversos autores (Kline, 1999; Courant y Robbins, 1996; Puig Adam, 1976)[1] concuerdan acerca de que el nombre apropiado para los avances propuestos por Descartes y Fermat sería "geometría de coordenadas". Entonces, ¿por qué transcendió con la palabra "analítica"? Este término, desde Platón, es considerado como el proceso deductivo que se realiza partiendo desde lo que se quiere probar hasta llegar a una verdad conocida. Descartes consideraba que "análisis" era la palabra apropiada porque el álgebra servía para "analizar" el problema de construcción geométrico considerado. Luego, con el avance algebraico, se dejó de considerarla solo como una herramienta aplicable a la geometría para ser un método de estudio de las curvas. Por lo que, "geometría analítica" hace referencia tanto al proceso de demostración como a la aplicación del método algebraico.

Acordamos con la posición de Collette (1980), puesto que no se refiere a uno de los dos matemáticos, Descartes o Fermat, como "descubridor" de la geometría analítica. Collette analiza sus trabajos como una caracterización de sus posturas, que consideramos relevantes en el desarrollo de este capítulo:

---

1   Un análisis más detallado desde las perspectivas históricas y epistemológicas, está presente en Ferragina (2017).

- Cada uno contribuyó, de un modo independiente, en el reconocimiento de que una ecuación dada con dos incógnitas puede considerarse como la determinación de una curva plana, con respecto a un sistema de coordenadas.
- Cada uno, con métodos algorítmicos propios, intenta vincular estrechamente la ecuación y la curva correspondiente.
- Fermat tiene como idea fundamental el logro de la ecuación de la curva de un modo más claro que Descartes.
- Descartes cubre problemas de un campo más amplio y general que el de Fermat, quien trabajó casi específicamente sobre las ecuaciones de primero y segundo grado.
- Ambos autores continuaron los trabajos de Vieta en direcciones diferentes. Descartes trabaja sobre la construcción geométrica de las raíces de ecuaciones algebraicas, dotándola de un simbolismo más apropiado. Fermat, conserva la notación de Vieta y la aplica a otro tema, el estudio de los lugares geométricos.
- "En general, se puede decir que Descartes comienza con un problema de lugar geométrico a partir del cual obtiene una ecuación del lugar, mientras que Fermat se preocupa más de partir de una ecuación y de deducir las propiedades de su curva" (Collette, 1980: 27).

Rescatamos las palabras de Kline (1999), en consonancia con lo propuesto por Collette en el último párrafo, puesto que se refieren a cómo cada matemático realiza la asociación de curvas y ecuaciones:

> Aunque la idea sobresaliente para el futuro de las matemáticas era la de asociar ecuación y curva, para Descartes esto no era más que un medio para un fin, a saber, la resolución de problemas de construcciones geométricas. El énfasis de Fermat en las ecuaciones de lugares geométricos es, desde el punto de vista moderno, más oportuno (Kline, 1999: 419).

Esta asociación curva-ecuación puede darse de dos maneras diferentes.[2] Construimos una curva mediante propiedades geométricas (Descartes). Esa curva tiene asociada su propia ecuación, que la caracteriza a ella y no a otra. Partimos desde la ecuación de una curva y explorando el comportamiento algebraico de la misma, podemos descubrir las propiedades geométricas que la constituyen (Fermat). Pero, ¿qué es la ecuación de una curva? Es la relación que se obtiene entre uno o varios valores de ordenada para una misma abscisa. Y esa curva trazada no es otra cosa que la solución geométrica de

---

2   Para ampliar este tema sugerimos la lectura del texto de Lehmann C. (1977).

un problema indeterminado, es decir, que tiene una infinidad de soluciones: es lo que los antiguos llamaban lugar geométrico.

Jourdain (1919) en su libro *La naturaleza de la matemática*, suscribe que hay dos ramas de la matemática que actúan como conectores entre la esencia de la matemática antigua y la moderna: el método del análisis geométrico y el álgebra griega de los tiempos de Diofanto. Además, postula que el proceso del descubrimiento matemático es algo vivo y en desarrollo. En ese proceso, el autor asigna a los lugares geométricos (*loci* en el original) un lugar preponderante porque la cuestión de los lugares geométricos está relacionada con el análisis geométrico, y difícilmente puede disociarse esa noción de la imagen mental de un punto en movimiento. Imagínese un punto obligado a moverse solo según cierta curva. Es claro cómo el imaginarnos el locus que puede describir un punto resultará útil para la resolución de problemas (Jourdain, 1919:31).

La idea de que alguna curva (*locus*, en el original y refiriéndose a cualquier línea continua, sea recta o no) pueda ser engendrada por puntos en movimiento no estaba presente en las demostraciones finales de las propiedades geométricas en los tiempos de la matemática griega. Esto implicaría realizar algunas concesiones intrínsecas a la noción de movimiento, como la de utilizar frases gráficas intuitivas para propiciar ideas matemáticas que necesitarían de procesos más complejos de explicación. Por eso, se necesitaron tiempos más modernos, alejados del rigor lógico, para relacionar un punto en movimiento con la idea de variabilidad, de diferentes posiciones en tiempos distintos (Jourdian, 1919).

Pero, ¿cómo caracterizan los lugares geométricos dos textos que han sido fundantes como bibliografía en la cuestión? Nos referimos a los clásicos *Geometría Analítica* de Rey Pastor, Santaló, y Balanzat (1959) y *Curso de Geometría Métrica. Tomo I. Fundamentos* de Puig Adam (1976).

Puig Adam analiza a estos lugares como propiedades o teoremas que cumplen condiciones necesarias y suficientes (acorde con Descartes): "cuando una figura contiene todos los puntos que cumplen una determinada propiedad, y, recíprocamente, solo contiene puntos que la cumplen, se dice que es el «lugar geométrico» de dichos puntos" (Puig Adam, 1976: 37).

Rey Pastor, Santaló y Balanzat proponen que la idea básica de la geometría analítica es la representación de los lugares geométricos por ecuaciones y el estudio de las figuras correspondientes a esas expresiones con métodos algebraicos (más acorde con Fermat). Para caracterizar los lugares geométricos escriben: "recuérdese que se llama lugar geométrico al conjunto de todos los elementos que cumplan una o varias condiciones prefijadas; es decir pertenecen al lugar «todos los elementos que cumplen tales condiciones y solo ellos»" (Rey Pastor, Santaló y Balanzat, 1959: 26). Al presentar algunos ejemplos básicos (los ejes cartesianos, rectas paralelas a los ejes y bisectores), parten de sus respectivas ecuaciones y analizan qué significado tienen. Por ejemplo, para la ecuación $y = 0$ impone al punto $(x; y)$ la condición de tener nula la y, siendo cualquiera la x; es decir, satisfacen esa condición todos los puntos del eje x, ellos y solo ellos. Por lo que, este conjunto o lugar geométrico tiene la ecuación $y = 0$. La cuestión podría ser entonces, preguntarse por qué no asociar la constitución de los lugares geométricos con la idea de movimiento: el lugar geométrico del ejemplo $(y = 0)$ puede escribirse como la expresión de un punto en coordenadas cartesianas $(x; 0)$ que concuerda con lo que dice Jourdain (1919) sobre un punto que se mueve obligado a hacerlo sobre una curva, que es el eje de abscisas.

Creemos oportuno mencionar que la mayoría de los textos sobre geometría analítica, siguen la caracterización de los lugares geométricos como condiciones necesarias y suficientes, dedicándose luego a encontrar las ecuaciones correspondientes mediante la asociación con el sistema de coordenadas cartesianas. Esto supone que existe un acuerdo en la caracterización básica de los lugares geométricos de la geometría sintética, que retoman (como un recuerdo) los textos de la analítica pero que luego no los relacionan con las técnicas de construcción sintética, ni con sus respectivas simbolizaciones algebraicas, sino que directamente realizan desarrollos vinculados a un sistema de coordenadas cartesianas.

Sobre la base de lo expuesto en este apartado, podrían surgir los primeros interrogantes, que no son independientes, combinando de una forma implícita o explícita cuestiones matemáticas históricas-epistemológicas y, de cómo estas se replantean, reformulan, amplían cuando se incorpora un SGD en el tratamiento de un tema específico.

- ¿La consideración del análisis geométrico propiciaría una continuidad entre las dos perspectivas geométricas presentadas, sintética y analítica? Si es así, ¿qué cuestiones epistemológicas lo sustentarían?
- ¿El tratamiento de los lugares geométricos como la imagen de un punto en movimiento favorecería a la construcción de que el conocimiento matemático es algo vivo y en desarrollo? De ser así, ¿qué problemas se propondrían para colocarlo en un primer plano?
- ¿La incorporación de un SGD favorecería una nueva construcción teórica de los lugares geométricos para realizar de ese modo, el análisis geométrico presente en las dos perspectivas geométricas? De ser así, ¿qué problemas seleccionar para dar respuesta a estos propósitos específicos?

2. Euclides y Apolonio. Algo más que problemas de tangencia

En la búsqueda de algún lugar geométrico que posibilitara una reformulación de su caracterización, seleccionamos la bisectriz. Es un objeto básico en el estudio de las relaciones geométricas. Es frecuente su aplicación como condición de bisecar un ángulo. Tiene diversos procedimientos de construcción sintética, no todos debidamente fundamentados. Se determina su condición de lugar geométrico, solo porque es una recta y no por las propiedades intrínsecas que conlleva esta acepción. Por eso, creemos que el objeto bisectriz podría ser reformulado desde una perspectiva dinámica, al considerar la caracterización de Jourdain (1919) para los *loci* y cómo implementarla mediante un SGD, como GeoGebra.

En la línea histórica-epistemológica, la relación entre dos de los trabajos de Euclides (330-275, a.C., aprox.) y Apolonio (262-200, a.C.) nos muestra un recorrido posible.

Comenzaremos analizando lo que propone Euclides en el Libro IV de los *Elementos*, porque puede ser un aporte fundante en el que la bisectriz es un lugar geométrico y para ver cuáles son los tipos de problemas en los que interviene. La Proposición III, dice: "construir en torno a un círculo dado un triángulo de ángulos iguales a los de un triángulo dado"(1991: 344). Euclides explica con detalle cómo construir los ángulos iguales a los dados desde el centro K, comenzando en un punto B cualquiera y trazando el radio correspondiente, aunque el autor habla de la recta KB (figura 1).

Figura 1: El gráfico de los *Elementos*, para la explicación de la proposición III, Libro IV. Fuente: Euclides, 1991: p. 22.

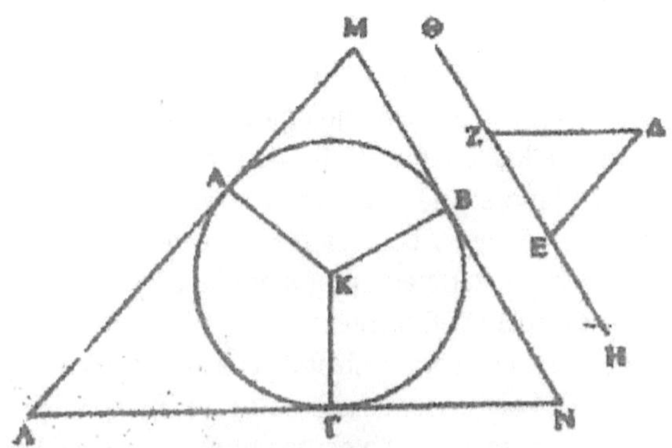

Sobre la base de que los ángulos correspondientes a los puntos A, B y Γ son rectos, lo cual ha sido probado en el Libro III, Euclides aplica propiedades de los ángulos de un triángulo y de un cuadrilátero para probar que los ángulos del triángulo ΛMN son iguales a los del triángulo dado y que está circunscripto a la circunferencia.

No se hace una referencia específica a la tangencia de los lados del triángulo respecto de la circunferencia, es posible suponer que como ese tema Euclides lo analiza en el libro anterior,[3] ahora con una mención a la ubicación fuera suficiente en el Libro IV. Este esquema de tratamiento de las propiedades no permitiría un tratamiento integral de las mismas y el surgimiento de nuevas preguntas respecto de la figura que se construye. Por ejemplo, al centrar la visualización en la igualdad de los segmentos ΛK y KΓ y su perpendicularidad respecto de los lados del ángulo MΛN (figura 1), ¿por qué se trazan perpendiculares?, ¿es el punto K el único que cumple la condición de estar a igual distancia de los lados de un ángulo?, ¿las medidas de ΛA y ΛΓ son iguales?, ¿se hace necesaria la construcción de la circunferencia? Estas preguntas, orientan a formar otra imagen del concepto ("*concept-image*", Vinner, 1991)[4] bisectriz, porque parece intuitivo considerar que los otros puntos del segmento ΛK cumplirán la condición de distancia respecto de los lados por la simetría de la figura y las duplas de triángulos rectángulos que se forman son iguales (figura 2). Por lo tanto, los otros elementos también lo son, entre ellos los ángulos AΛK y KΛΓ, siendo entonces el segmento ΛK parte de la bisectriz del ángulo.

Este problema de construcción sintética serviría para relacionar las dos caracterizaciones de la bisectriz, primero por la condición de que todo punto de la misma equidista de los lados y, por la formación de los triángulos rectángulos iguales, que biseca al ángulo. Colocamos en orden inverso las definiciones del concepto bisectriz que dan los textos, en los que primero se la define como la semirrecta que divide al ángulo en dos iguales (lo cual está relacionado con la propia etimología de la palabra) y, luego los puntos que la forman equidistan de los lados del ángulo. Es decir que se construye la bisectriz del ángulo y luego se comprueba la condición de un *locus*.

---

3   Es la Proposición 18, Libro III, p. 314: "Si una recta toca un círculo, y se traza una recta desde el centro hasta el punto de contacto, la (recta) trazada será perpendicular a la tangente".

4   Este autor se refiere a todas las imágenes mentales que se asocian con el nombre del concepto en la mente de la persona que está analizando el problema. Puede ser una representación visual, que se forma a lo largo de los años, producto de experiencias anteriores. A veces, puede no coincidir con una definición formal del concepto.

Figura 2: Intervención sobre el gráfico de la explicación de la proposición III, Libro IV, a modo de figura de análisis. Fuente: Euclides, 1991: 23.

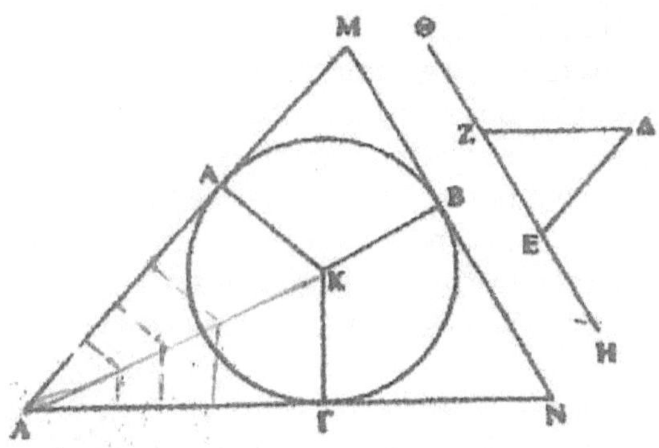

De este modo, ese *locus* surge como algo estático y no de la imagen mental de un punto en movimiento, obligado a moverse. Y, como es esa construcción la que queremos destacar, analizaremos estas discusiones cuando la imagen visual del concepto está mediada por un SGD como GeoGebra.

Llegamos a una decisión sobre el *software* que utilizaremos para el análisis del problema y podríamos cuestionarla. Por eso, dos justificaciones posibles:

- Un SGD es, básicamente, un editor gráfico que dibuja figuras geométricas mediante definiciones matemáticas para convertirlas en objetos geométricos y, al modificarlas posibilitan analizar qué relaciones geométricas están presentes en la construcción realizada. Es posible nombrar varios SGD, entre ellos GeoGebra, que es un *software* libre y que, según su creador Markus Hohenwarter, fue inicialmente pensado para establecer un enlace dinámico entre geometría y álgebra, al que luego se le fueron agregando otros módulos que funcionan como hoja de cálculo, sistema algebraico computacional (CAS) y la representación de objetos en 3D (Lindner y Hohenwarter, 2016). El enlace dinámico del que habla su creador está presente en GeoGebra por *default*, cuando se abre el *software* y la pantalla partida en dos, muestra a la derecha la Vista Gráfica (donde se realizan las representaciones de los objetos geométricos) y la izquierda la Vista Algebraica (en la aparecen las expresiones que la geometría de coordenadas les asigna). Por lo que este *software* tiene sus bases estructurales en el fundamento matemático esbozado en los trabajos de Descartes y Fermat, es decir, en la estrecha vinculación entre la ecuación y la curva correspondiente. El programa, de un modo automático para cualquier construcción de un objeto geométrico (utilizando las herramientas que provee), la asocia con una expresión, en la Vista Algebraica. La barra de herramientas de GeoGebra (la versión con la que trabajaremos es la 5.0, pero es igual en las posteriores) contiene varias referidas a los lugares geométricos (figura 3). Mediatriz y bisectriz como construcciones directas dependiendo de un segmento, ángulo o de dos rectas, respectivamente. La utilización de estas herramientas no aludiría a que se trata de lugares geométricos, sino que estarían caracterizadas por una consecuencia de la propiedad correspondiente. Recta perpendicular que pasa por su punto medio, para la primera, y que divide al ángulo en dos partes iguales, en la segunda. Por lo que, se haría necesario proponer problemas en los que emerjan esta necesidad de vincular, por ejemplo, a la mediatriz y bisectriz con lugares geométricos.

Figura 3: Botón de la Barra de Herramientas, donde se reúnen los lugares geométricos. Fuente: GeoGebra5: 25.

- El manual de GeoGebra 5[5] explicita que "todo lugar geométrico (*locus*) es un objeto especial que específicamente queda trazado por el uso del comando o de la herramienta Lugar Geométrico correspondiente. El lugar lo traza un punto que dependerá de otro punto sobre un recorrido (puede ser una recta, una semirrecta, una circunferencia o un segmento/intervalo)

---

5   Consultado en: http://www.geogebra.org/manual/es/Lugar_Geométrico.

o de un deslizador". Podríamos decir que la herramienta Lugar Geométrico (LG), estaría acorde con lo que propone Jourdain (1919) porque si bien no hace una referencia directa a un punto móvil, se menciona que el lugar geométrico está generado por un punto y que ese punto depende de otro que se encuentra en otro objeto geométrico. Y en un SGD, cuando el segundo punto se mueve sobre ese recorrido, el punto que depende de él también se moverá con otro recorrido posible.

Volvemos al problema para realizar la construcción geométrica con el *software*. Las condiciones básicas de la misma son tres puntos A, B y C, se construyen las respectivas semirrectas y luego un punto D sobre el lado BC (figura 4), que actuará como "punto sobre un recorrido". La determinación del punto F, se logra por intersección de las perpendiculares a los lados del ángulo desde D y E (siendo los segmentos BD y BE iguales por construcción).

Figura 4: Protocolo de construcción. Fuente: elaboración propia.

Nº	Nombre	Descripción
1	Punto A	
2	Punto B	
3	Punto C	
4	Semirrecta f	Semirrecta que pasa por B, C
5	Semirrecta g	Semirrecta que pasa por B, A
6	Punto D	Punto sobre f
7	Segmento h	Segmento [B, D]
8	Circunferencia c	Circunferencia con centro B y radio h
9	Punto E	Intersección de c, g
10	Recta i	Recta que pasa por D perpendicular a h
11	Recta j	Recta que pasa por E perpendicular a g
12	Punto F	Intersección de i, j

En esta construcción el arrastre del punto D sobre el lado nos hace preguntarnos qué punto es el que determinará el lugar geométrico que está oculto (Arzarello y otros, 2012), ¿es E o F? Por las condiciones de obtención de esos puntos descartamos a E, que solo se moverá sobre el otro lado del ángulo. Las diferentes posiciones del punto D, dadas por el arrastre, condicionan las de F, que se ubican sobre una semirrecta interior al ángulo. Al combinar la propiedad Rastro y la herramienta LG, se visualiza que se superponen (figura 5). Además, la figura así construida puede ser el insumo para probar que los triángulos formados son iguales y que BF es la bisectriz del ángulo.

Figura 5: Obtención del punto F. Fuente: elaboración propia.

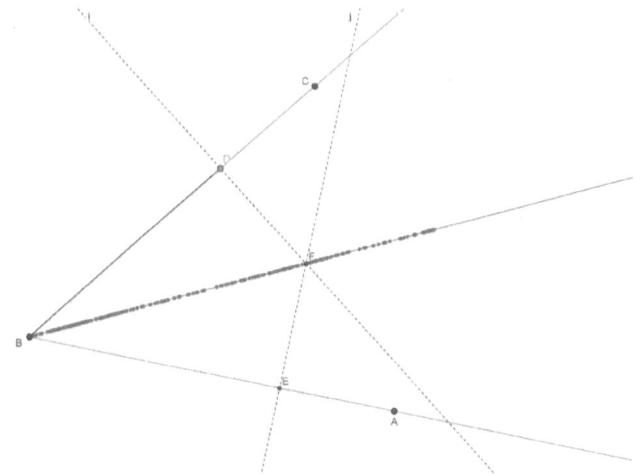

Esta construcción nos permite proponer una nueva caracterización de bisectriz acorde con un entorno dinámico y que también recupera la idea de Jourdain (1919): "Punto que se mueve sobre el lado de un ángulo, de modo que la perpendicular trazada desde él, se intercepte con otra perpendicular trazada desde un punto que está a la misma distancia del vértice, en el otro lado del ángulo".

¿Se modifica la caracterización anterior de bisectriz si el ángulo está determinado por la intersección de dos rectas? Si seguimos los mismos pasos de construcción anteriores, el Rastro y LG aplicados a F forman dos semirrectas perpendiculares, ¿por qué? Hay dos puntos que están a la misma distancia del vértice que D, con lo que se obtiene otro punto de intersección. Los *loci* que ha marcado el *software* se corresponden con una reformulación de bisectriz cuando los ángulos en cuestión se forman por dos rectas que se cortan y se aplica la relación de que ese punto móvil se desplaza sobre toda la recta. Constituyendo la solución dos rectas (bisectrices) que son perpendiculares entre sí, al considerar que se forman pares de ángulos adyacentes (figura 6).

Figura 6: Loci marcados, rectas perpendiculares entre sí. Fuente: elaboración propia.

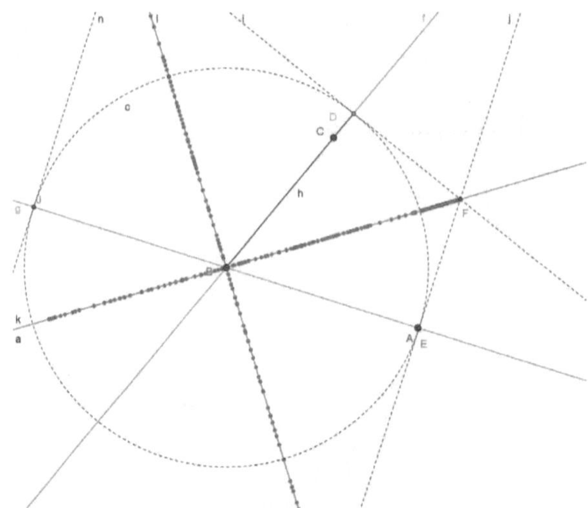

En el análisis de esta nueva caracterización, la incorporación de un *software* de geometría dinámica como un *medio* (*milieu*) físico (Brousseau, 2007) posibilitó modelizar el entorno del objeto matemático bisectriz y así modificar el conocimiento que tiene sobre él la persona que realiza la construcción dotándola de otro sentido. Esa interacción con el *medio software* permite que:

- se tomen decisiones (desde qué punto trazar las perpendiculares),
- se elijan estrategias (qué tipo de herramientas del *software* se utilizan en la construcción),
- se produzcan argumentos de validación (la constitución de un *locus*),
- se tomen nuevas decisiones (la reformulación del concepto bisectriz cuando se trabaja en un entorno dinámico).

En esta problemática no analizamos por separado el tema (bisectriz como *locus*) y el *medio* (para modelizar), sino las interacciones que se establecen entre ellos por las acciones del primero y las retroacciones del segundo.

Además, esa interacción lleva implícita un *tipo de tareas*, como es trazar una perpendicular desde un punto del lado del ángulo, porque expresa una acción mediante un verbo y se aplica a un objeto definido (Chevallard, Bosch y Gascón, 2000). Hemos logrado una técnica, como manera de resolver este tipo de tareas relacionadas por un razonamiento que la valida, porque:

- pone de relieve al objeto sobre el cual se trabaja, que es el ángulo y sus elementos,
- no menciona la condición de equidistancia respecto de los lados del ángulo, porque la perpendicular se traza desde un punto del lado y no desde un punto de la bisectriz, como una comprobación,
- el punto que genera el *locus* se obtiene por otra técnica sintética, la de los dos lugares geométricos, considerando que toda recta es un lugar geométrico.

Cualquier técnica requiere de algún discurso teórico que la sustente, pero cuando esa técnica está mediada o instrumentada hace necesaria la construcción de ese discurso, que relacione tres tipos de conocimiento: el matemático en sí, el que se tiene sobre el artefacto (*software*) y el de la transposición[6] que realiza el segundo respecto del primero (Artigue, 2003).

El discurso de esta técnica instrumentada, bisectriz como *locus*, se basa en los de técnicas sintéticas realizadas con lápiz y papel, por lo que está asegurada la validez de su funcionamiento.

El conocimiento del artefacto (SGD, GeoGebra) puede realizarse de formas diferentes: a través del uso de las herramientas (a modo de comprobación de lo que realiza una herramienta específica), leyendo en su manual cómo las caracteriza (qué sustento epistemológico tiene su implementación) y creando nuevas herramientas. Para el caso de la herramienta Bisectriz, es posible aplicarla (el manual dice erróneamente "definir") construyendo tres puntos (solo traza la recta interior al ángulo) o dos rectas (traza las bisectrices del par de ángulos opuestos por el vértice que se forman). En este último caso, lo que construye el *software* es coincidente con lo que se produce como resultado de esta nueva caracterización del *locus* bisectriz. Por lo que, es posible aplicar la herramienta Bisectriz cuando el problema necesite de la bisectriz como instrumento (apropiada e incorporada a la actividad geométrica), pero no es adecuada cuando se necesita un objeto reconstruido con técnicas sintéticas.

Para determinar la formación de este *locus* hemos utilizado, alternativa o conjuntamente, Rastro y LG, que colocan el foco sobre qué caracterización subyace en un SGD como GeoGebra.

---

6   Se hace referencia a la transposición informática, que según Balacheff (2000) es un proceso en el que a los contenidos propiamente matemáticos se agregan los de carácter informático, como una interface. La introducción de tecnología informática, como los SGD, en el ámbito educativo conlleva nuevos fenómenos del mismo orden que el de la transposición didáctica (Balacheff, 1994).

Rastro no es un objeto construido por el *software*, son solo huellas de pixeles en la pantalla que sugieren una representación dinámica de la trayectoria de un punto. Este comportamiento del punto geométrico no es permanente porque al actualizar la Vista Gráfica o aplicar *zoom*, estas huellas desaparecen. Incluso el manual del *software* sugiere que es posible obtener un trazo permanente del probable recorrido del punto mediante el empleo del comando o herramienta LG. De todos modos, puede ser útil para llegar a una primera aproximación de lo que se está buscando y se relaciona con esa imagen mental de punto en movimiento a la que alude Jourdain (1919). Así, se conforma una figura como un conjunto de puntos con ciertas características, es la primera condición que expresan las definiciones de los textos clásicos sobre los *loci*, los cuales luego podrán validarse mediante otras herramientas que ofrece el *software* o bien con la utilización complementaria de técnicas algebraicas.

La herramienta LG construye un nuevo objeto geométrico que requiere de determinadas condiciones para su obtención y su resultado aparece de un modo completo e instantáneo en la pantalla, como si fuera una prioridad la obtención total de esa curva y no su construcción. Si bien LG aporta un enfoque similar a una transformación punto a punto para un *locus*, la forma estática de representarlo se focalizaría en que ese punto que lo construye está obligado a moverse sobre la curva en cuestión (Jourdain, 1919) y, solo "esos puntos".

Por lo que, generar la bisectriz como *locus* hace necesario crear tipo de tareas como las analizadas, que combinen lo que trae incorporado el *software* referente a LG, con técnicas sintéticas instrumentadas. La combinación de la transposición didáctica con la informática nos lleva a preguntarnos para qué tipo de problemas es apropiado considerar a la bisectriz como *locus*. Los problemas que relacionen distancias de punto a recta o entre rectas podrían ser un punto de partida, por lo menos para considerar si con su construcción aportan para la resolución. Esto conllevaría a realizar una reformulación de cómo organizar los problemas geométricos, históricos o no, para que emerja este objeto mediado por un SGD y poner en primer plano una característica del mismo que antes se consideraba como una consecuencia de dividir al ángulo en partes iguales. En esta línea, Balacheff (2000) advierte que introducir un *software* educativo, como GeoGebra, es un proceso complejo desde el punto de vista didáctico porque se materializan los objetos matemáticos mediante una simbología tecnológica, que modifica al objeto en sí como resultado de ese proceso de transposición informática y, también el conocimiento que se tiene de ese objeto.

2.1. ¿Un problema o un campo de problemas?

En el apartado anterior y sobre la base de lo que explica Euclides en el libro IV, proposición III, de *Elementos*, puede ser considerado como un problema fundante, por decirlo de algún modo, para que la bisectriz sea tratada como *locus* aunque no era el propósito del autor.

Tangencias es un tratado escrito por Apolonio, que actualmente se conoce con el nombre de Problema de Apolonio y con el siguiente enunciado: "Dados tres elementos, cada uno de los cuales puede ser un punto, una recta o una circunferencia, trácese una circunferencia que sea tangente a cada uno de los tres elementos dados (donde debe entenderse que ser tangente una circunferencia a un punto es pasar por él" (Boyer, 1994: 191). Según los elementos que se combinen, este problema puede subdividirse en 10 casos posibles.[7] Los dos más simples, en que los elementos son tres puntos o tres rectas, ya habían aparecido en los *Elementos* de Euclides, al relacionarlos con las circunferencias inscriptas y circunscriptas a un triángulo. En el Libro IV, Proposición IV, Euclides analiza cómo inscribir un círculo en un triángulo. El autor toma como base de esa construcción las bisectrices del triángulo, no como lugar geométrico, y demuestra la tangencia por la igualdad de los seis triángulos que se forman y que las perpendiculares trazadas desde el centro son únicas (figura 7).

Figura 7: El gráfico de los Elementos, para la explicación de la proposición IV, Libro IV. Fuente: Euclides, 1991: 31.

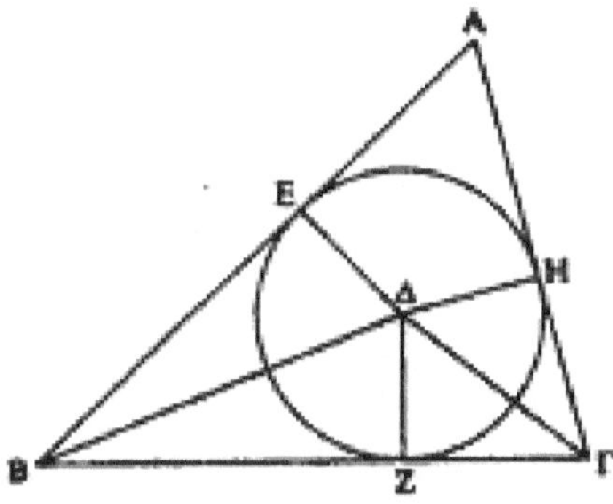

---

7   Estos son: tres puntos; dos puntos y una recta; dos rectas y un punto; dos puntos y una circunferencia; dos circunferencias y un punto; dos circunferencias y una recta; un punto, una recta y una circunferencia; tres rectas (están en el Libro I del tratado); dos rectas y una circunferencia; tres circunferencias (en el Libro II).

Si Euclides hubiera considerado que la bisectriz es un *locus* generado, como en el apartado anterior (con técnicas sintéticas), no haría falta demostrar la igualdad de triángulos y solo debería encontrar el punto de intersección de dos de ellas (técnica de los dos lugares geométricos), que es el centro de la circunferencia y desde él una perpendicular al lado, para determinar el radio o bien otro punto de la circunferencia y así construirla. Por la forma en la que está acotado el problema a un triángulo en Euclides, esta circunferencia trazada es la única solución posible, la cual representará una diferencia sustancial con la propuesta de Apolonio porque el enunciado correspondiente a esta opción es: "dadas tres rectas, trácese una circunferencia que sea tangente a cada una de ellas (donde debe entenderse que ser tangente una circunferencia a un punto, es pasar por él)". Este enunciado no hace referencia a las posiciones de las rectas, si se cortan dos a dos, o si hay paralelismo entre ellas y, por eso resultará potente desde un análisis didáctico, porque abre posibilidades de otras soluciones fuera de la figura del triángulo.

La primera resolución que realizaremos en GeoGebra tiene como elementos básicos tres rectas que se cortan dos a dos. Se construye en dos cualesquiera las bisectrices con la herramienta Bisectriz (puesto que la recta que ofrece el *software* se superpone con el *locus* construido por un punto móvil) y quedan cuatro puntos de intersección, como posibles centros de circunferencias (figura 8).

Figura 8: Intersecciones de las bisectrices de las rectas. Fuente: elaboración propia.

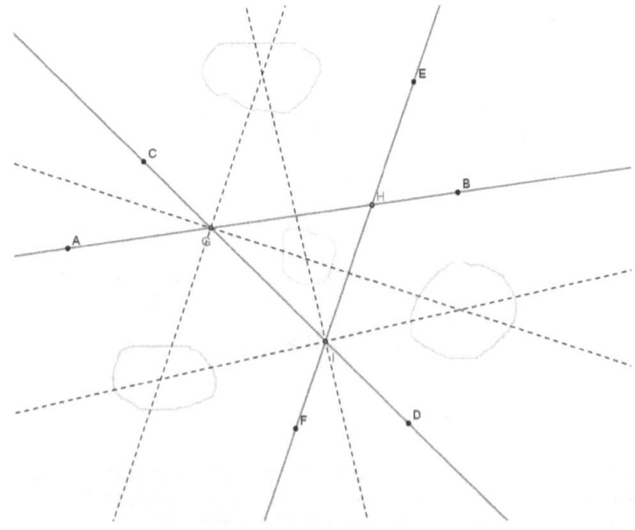

Si esos puntos son los centros, solo falta determinar otro punto de las respectivas circunferencias, que se obtiene con la perpendicular al lado (figura 9).

Figura 9: Construcción de las circunferencias tangentes a las tres rectas. Fuente: elaboración propia.

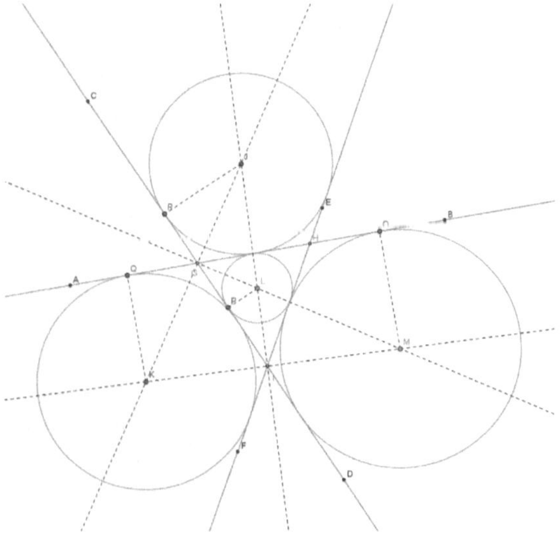

Nos podríamos preguntar si se mantendrá la tangencia para cualquier posición de las rectas. En un primer momento, con un arrastre de *test* (Arzarello y otros, 2002) se comprobaría que las circunferencias construidas conservan las condiciones del problema. Este tipo de arrastre puede considerarse como un instrumento de validación en la solución de un problema de construcción, como en este caso. De todos modos, el discurso teórico que sustenta estas técnicas instrumentadas se basa en la aplicación sucesiva de la técnica sintética de los dos lugares geométricos. La intersección de las bisectrices determina el centro de la circunferencia y la intersección de una recta perpendicular trazada desde ese centro hasta la recta, determina el punto de tangencia, que es único.

La resolución de este problema de tangencia posibilita el análisis de otras propiedades geométricas que se relacionan:

- la construcción de una circunferencia inscripta a un triángulo, que clásicamente se trata como una aplicación de las bisectrices,
- la construcción de circunferencias que sean tangentes exteriores a un triángulo, considerando la prolongación de los lados (circunferencias exinscriptas, que en un tratamiento cásico de textos geométricos como

en Puig Adam (1976), solo surgen como propiedades de puntos y rectas de triángulos),

- la determinación del punto de intersección de las bisectrices para las interiores el incentro y las exteriores como vértices de otro triángulo en el que las bisectrices se corresponden con las alturas.

Antes de continuar con el desarrollo de tangencias cuando hay rectas paralelas, realizaremos un breve recorrido sobre lo realizado. En este trabajo, para la restructuración del tratamiento de la bisectriz como *locus* partimos de una imagen, por decirlo de algún modo, que está en *Elementos*; formulamos una nueva caracterización con técnicas sintéticas, la cual nos dio el sustento teórico necesario para convertirla en una técnica instrumentada, posible de aplicar a otros problemas tales como *Tangencias* de Apolonio. Las conformaciones gráficas de esas construcciones nos llevaron a relacionarlas con otras propiedades de las bisectrices de ángulos que, en un recorrido clásico, están dispersas y dependen de las figuras en donde se las construye (puntos y rectas notables en los triángulos, por ejemplo).

Ahora sí, la segunda resolución que realizaremos en GeoGebra es la determinación de circunferencia tangente a tres rectas, si dos de ellas son paralelas.

Una primera aproximación al gráfico del problema sería trazar solo las rectas, para decidir cuántas bisectrices se forman y cuáles trazar. El gráfico que se obtiene es el utilizado para la representación de los ángulos que se forman cuando dos rectas paralelas son cortadas por una tercera. Las bisectrices serán rectas paralelas dos a dos (figura 10).

Figura 10: Las bisectrices trazadas de dos rectas paralelas cortadas por una tercera. Fuente: elaboración propia.

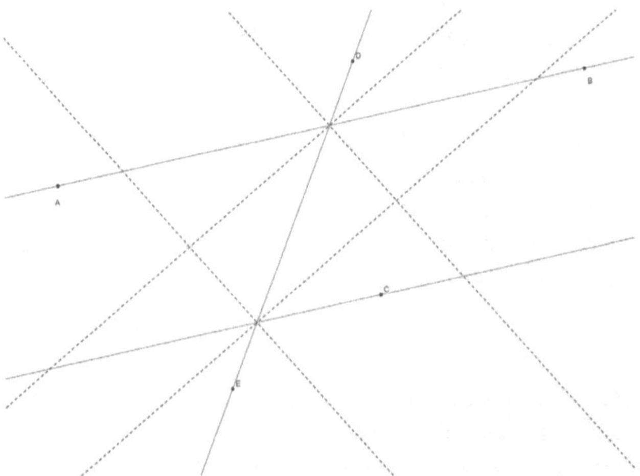

Los puntos de intersección de esas bisectrices determinan que solo habrá dos circunferencias tangentes a esas rectas y falta solo el punto de tangencia para construirlas (figura 11).

Figura 11: Circunferencias tangentes a tres rectas, dos de ellas son paralelas. Fuente: elaboración propia.

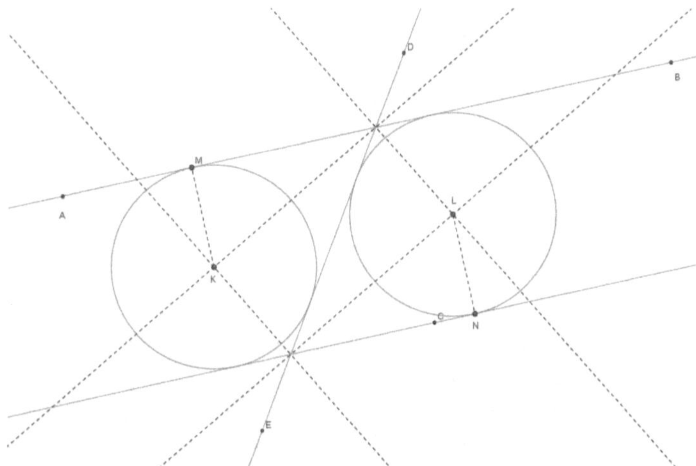

¿Qué aportes didácticos proporciona la resolución de este problema con GeoGebra? Al realizar un arrastre de test sobre los puntos que conforman las rectas (los únicos libres en la construcción) podemos formular nuevas preguntas. Por ejemplo ¿qué se modifica en las circunferencias cuando la distancia entre las rectas paralelas aumenta?, ¿qué ocurre cuando la recta transversal es perpendicular a las paralelas?, ¿las circunferencias construidas podrán ser tangentes entre sí o y secantes?, ¿los centros de esas circunferencias pueden formar otro *locus*?

Esta sola posibilidad de tangencia presentada por Apolonio nos deja nuevas formas de relación de las propiedades geométricas y otros tantos interrogantes que surgen por la incorporación de un SGD. Por lo que, como dicen Chevallard, Bosch y Gascón (2000) los matemáticos no resuelven problemas aislados si no que estudian un representante de un cierto *campo de problemas o tipo de problemas*. El estudio de ese campo no es solo la resolución de problemas sino la producción de *técnicas* matemáticas, "maneras de hacer", de un modo sistemático y seguro. La aplicación metódica de una *técnica* puede provocar que los problemas iniciales se reformulen y aparezcan otros nuevos en la conformación de un *campo de problemas*. Podríamos considerar este enunciado de Apolonio como un *campo de problemas* porque implica la reformulación de la técnica sintética para determinar un *locus*, ahora mediado por un SGD, el cambio de las figuras básicas de construcción (rectas y circunferencias) que luego determinan otras (triángulos) y las relaciones que se conforman con el sustento teórico de las técnicas utilizadas. Está en discusión nuevamente la reorganización de los problemas geométricos cuando sus objetos de estudio están mediados por SGD.

En los análisis que hemos propuesto en estos apartados nos centramos en resoluciones con técnicas sintéticas pero, ¿qué técnicas analíticas serán necesarias considerar para los mismos casos?, ¿se complementarán o tomarán objetos geométricos diferentes para formar sus ecuaciones? Estas serán algunas de las cuestiones que desarrollaremos en el próximo apartado.

3. Técnicas instrumentadas y las algebraicas con lápiz y papel

Comenzaremos hablando sobre las técnicas instrumentadas, sea con los instrumentos clásicos de la geometría o mediadas por un SGD como GeoGebra, para luego recuperar de esas técnicas aquello que está presente en los desarrollos algebraicos propuestos con lápiz y papel.

Puig Adam (1976) dice que con los instrumentos clásicos de la geometría griega (regla y compás) se resolvieron todos los problemas aplicando solo estas operaciones: trazado de una recta que pasa por dos puntos e intersección de dos rectas, con regla; trazado de una circunferencia con centro y radio dados e intersección de dos circunferencias, con compás; intersección de una recta y una circunferencia, con regla y compás. Sobre esta base recuperamos lo que propone el autor para la construcción de la bisectriz (figura 12).

Figura 12: Construcción de la bisectriz. Fuente: Puig Adam, 1976: 36.

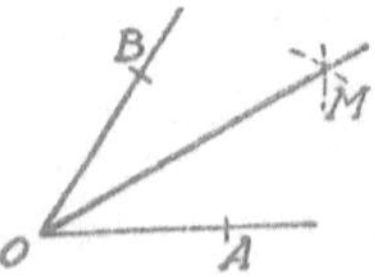

En esta descripción se resuelve el problema del trazado mediante la intersección de dos circunferencias, si bien no se las nombra y solo se refiere al corte de dos arcos con un mismo radio. Pero, ¿dónde ubicar al punto B, cerca o lejos de 0?, ¿de esto depende la medida del radio a considerar?, ¿por qué?, ¿con cualquier medida obtenemos la intersección en el punto M? Esta construcción deja en un segundo plano que se está buscando otro lugar geométrico mediante la técnica de los dos lugares geométricos, porque no refiere característica alguna de ese punto M respecto de A y B, como si solo fuera para trazar la diagonal de ese rombo y, por ello es la bisectriz del ángulo. Es decir que solo se la está caracterizando como la recta (semirrecta) que divide al ángulo en partes iguales.

Además, la no problematización de los interrogantes planteados, que sí cobran relevancia cuando se interactúa con un SGD por su dinamismo intrínseco, abre un cuestionamiento sobre cómo reformular estos procedimientos estáticos cuando se los modeliza con un *software* de ese tipo. Veamos cómo relacionar ambas técnicas de resolución instrumentadas mediante el análisis de un Protocolo de Construcción (figura 13). Este protocolo se corresponde con la imagen de la figura 6, pero se le han cambiado algunos nombres de los puntos para relacionarlos más directamente con lo comentado en el párrafo anterior.

Figura 13: Protocolo de Construcción. Fuente: elaboración propia.

Nº	Nombre	Descripción
1	Punto O	
2	Punto B	
3	Recta f	Recta O B
4	Punto A	
5	Recta g	Recta O A
6	Punto D	Punto sobre f
7	Segmento h	Segmento [O, D]
8	Circunferencia c	Circunferencia con centro O y radio h
9	Punto E	Intersección de c, g
10	Recta i	Recta que pasa por D perpendicular a f
11	Recta j	Recta que pasa por E perpendicular a g
12	Punto F	Intersección de i, j
13	Punto J	Intersección de c, g
14	Recta n	Recta que pasa por J perpendicular a g
15	Punto K	Intersección de i, n

Se construyen los puntos O, A y B con las respectivas rectas que determinan. La primera diferencia que se hace necesaria cuando se utiliza un SGD es construir otro punto, D, que solo se moverá sobre el lado de la recta OB (no es posible utilizar el punto B para tal fin, puesto que su movilidad cambiaría las propiedades básicas de ese ángulo) y que será uno de los puntos que defina al *locus*. No se marcan arcos, sino que se construye una circunferencia, con centro en D y un radio cualquiera (medida de h). Esta circunferencia intersecta al otro lado del triángulo en dos puntos (E y J), que es una de las técnicas que nombra Puig Adam (1976). La otra técnica, intersección entre dos rectas, las cuales son las respectivas perpendiculares desde los puntos anteriores y que determinan a F y K, que serán los puntos que tracen los *loci* porque dependen del punto D. Ahora bien, ¿por qué este protocolo instrumentado en GeoGebra es más general? Los puntos que trazan los *loci* (F y K) podrán determinarse porque surgen de la intersección entre dos rectas perpendiculares y no entre dos circunferencias. La caracterización de estos puntos respecto de los lados del ángulo surge por comparación de triángulos (por ejemplo, DOF y EOF), la cual es diferente a la consideración de una sola figura, un cuadrilátero (que aquí no es un rombo). Entonces, como consecuencia de la igualdad entre esos triángulos pueden enunciarse las dos caracterizaciones de la bisectriz: que está a la misma distancia de los lados y biseca al ángulo.

En esta instancia, sobre la discusión entre técnicas instrumentadas creemos conveniente referenciar a Artigue (2003), cuando puntualiza que a un determinado *software* se le pide aprender mejor el contenido y valores de la matemática que se han desarrollado sin tomar en cuentas estas herramientas, sus técnicas y por ende, la evolución de las prácticas matemáticas. Es por eso que, un objeto matemático como el *locus* bisectriz no es una entidad absoluta, se va modificando y emerge como el resultado de las prácticas llevadas a cabo en una comunidad. En esas prácticas se pone de relieve el conocimiento y/o entendimiento de ese objeto matemático y en el cual las técnicas tienen un papel preponderante, como resultado de su aplicación y su valor epistémico como generadoras de nuevas preguntas para la comprensión de dicho objeto.

Por lo que, a este objeto matemático, *locus* bisectriz, es posible construirlo (o reconstruirlo) con una selección de adecuadas prácticas matemáticas y con la incorporación de un SGD (como GeoGebra) cambia el trabajo técnico de la actividad matemática (técnicas instrumentadas) para la conformación de una nueva epistemología de su estudio.

Una relación más, ¿qué aportan estas técnicas instrumentadas a las técnicas propias del álgebra y de la geometría analítica cuando se trata de encontrar un *locus* determinado? Para comenzar, algo que postula Puig Adam (1976): "todos los problemas clásicos de la geometría, resolubles con regla y compás, se pueden resolver algebraicamente mediante una sucesión finita de ecuaciones de primero o segundo grado" (Puig Adam, 1976: 230). Es decir que relaciona el o los instrumentos geométricos empleados con el tipo de ecuación que se obtendría según las condiciones del problema. Además, la frase resulta significativa para nuestro desarrollo porque como resolvimos el problema con instrumentos (regla y compás, GeoGebra), vamos ahora por la resolución algebraica y obtención de su ecuación.

El tratamiento clásico que realiza la geometría analítica para encontrar la ecuación de una bisectriz se basa en la fórmula de distancia entre un punto y una recta. Se da por sobreentendido que al hablar de esa distancia se hace referencia al segmento de perpendicular trazado desde ese punto (uno genérico, que conformará el *locus*) a la recta. Para este caso, el punto del *locus* deberá estar a la misma distancia de dos rectas que conforman el lado del ángulo. Este tratamiento con técnicas algebraicas no le confiere al objeto geométrico bisectriz un aporte diferente a su caracterización, puesto que parte de la misma y, a modo de comprobación, solo con la aplicación de una condición y manipulación algebraica determina su ecuación, que no tiene sorpresas porque sabemos que es una recta.

Finalmente, queremos puntualizar una diferencia entre los puntos que construyen el respectivo *locus* bisectriz cuando se manipulan técnicas algebraicas o si se emplea un SGD, como GeoGebra.

Para el primer caso, se trabaja sobre un "punto genérico" de coordenadas $(x; y)$ al cual se lo relaciona con las condiciones del problema para encontrar las ecuaciones correspondientes.

En el caso de GeoGebra, la posibilidad de transformación de cada objeto construido u obtenido permitiría interpretar de un modo particular esta frase: "la idea fundamental de la geometría analítica es la introducción de 'coordenadas', es decir, *números* asociados o coordinados con un *objeto geométrico* que lo caracterizan por completo" (Courant y Robbins, 2006: 99). Consideraremos que el *objeto geométrico* asociado a *números* es un punto. Esto no es una novedad para la expresión clásica de un punto mediante sus coordenadas, pero ¿qué sucede si se considera que esos números pueden representar la medida de una longitud, una amplitud, un área, un volumen, un perímetro, etcétera? El objeto geométrico es ahora un punto de coordenadas definidas mediante las medidas de otras magnitudes variables, que podrían controlar cómo se desplaza ese punto en el plano gráfico. A un punto construido con esas características lo llamaremos "punto dinámico". Por lo que, el punto que define el *locus* en GeoGebra es un "punto dinámico" porque debe depender de otro punto que está sobre un recorrido (recta, segmento, circunferencia, etcétera) y, entonces, no es genérico. Además, cuando construimos un punto cualquiera en GeoGebra, el cual el *software* llama "punto libre", este no puede considerarse como si fuera genérico porque por *default* el *software* le asocia sus respectivas coordenadas y conoceremos siempre su ubicación, aunque modificamos su posición en la Vista Gráfica. Por lo que la caracterización de *loci* mediante "punto genérico" es una técnica propia de los desarrollos algebraicos con papel y lápiz.

¿Qué relaciones encontraremos, entonces, con las técnicas algebraicas mediadas por GeoGebra? ¿Tendremos nuevos aportes? Creemos que tienen matices disímiles porque la información de la Vista Algebraica brinda resultados que no concuerdan. Analizaremos dos posibilidades:

I. La construcción el ángulo se realiza mediante tres puntos y los lados son semirrectas (figura 5), entonces:

- La herramienta LG (lugar1 = LugarGeométrico [F, D]) muestra el *locus* mediante un trazo que se superpone con el que realiza el del punto F.
- La herramienta Bisectriz, aplicada a los tres puntos, informa su ecuación y la representación es una recta que en parte coincide con la semirrecta del LG y Rastro de F.
- El comando EcuaciónLugar [F, D] proporciona una ecuación y gráfica correspondiente que no coincide con las informaciones anteriores (figura 14). Esto puede suceder porque el *software* utiliza métodos numéricos aproximados para resolver con este comando[8] y aparecen ramas adicionales en el gráfico que no se corresponde con el *locus* original. Además, el manual de GeoGebra informa que si ese *locus* es demasiado complicado puede quedar indefinido.

Figura 14: Información de la Vista Algebraica. Fuente: elaboración propia.

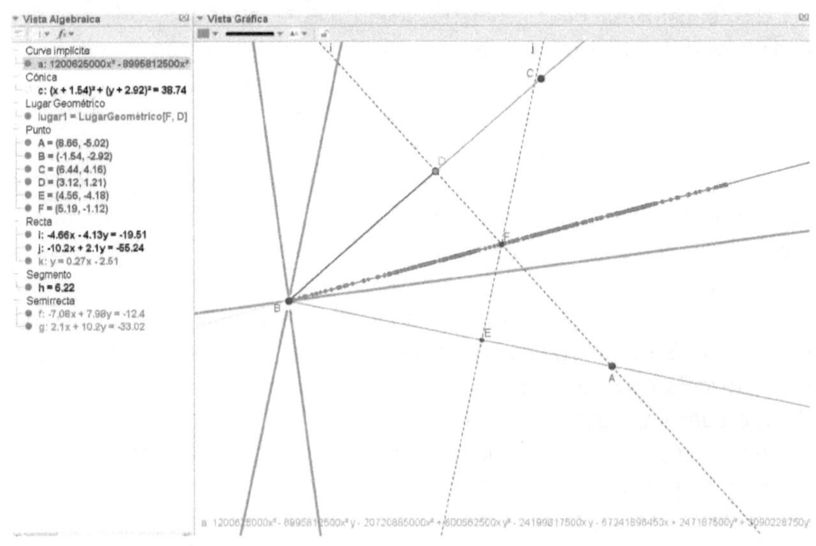

---

8   La información correspondiente figura en el manual en línea de GeoGebra: https://www.geogebra.org/manual/es/Comando_Ecuaci%C3%B3nLugar.

Además de lo que comunica el *software*, la disparidad entre la información del último comando con las herramientas anteriores, ¿puede deberse a que ese método numérico considera el punto B como perteneciente a ese *locus*? Desde la construcción sintética de la bisectriz ese punto es parte de la solución porque se corresponde con una distancia cero entre los puntos, al estar superpuestos.

Figura 15: Información de la Vista Algebraica. Fuente: elaboración propia.

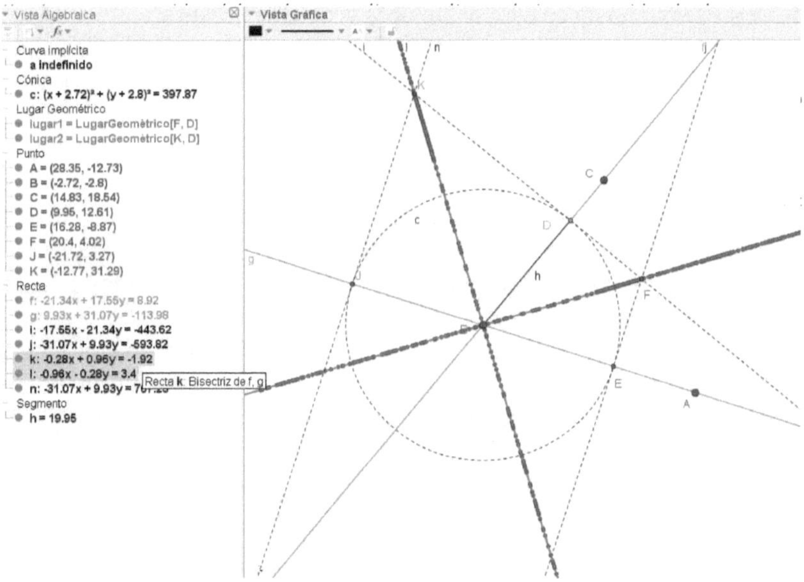

En función del análisis didáctico que estamos realizando, no ha sido relevante conocer la ecuación del locus bisectriz. Puesto que, en este conjunto de problemas considerados como fundantes de la geometría sintética, hemos aplicado técnicas propias (con regla y compás) para luego articularlas, desarrollarlas y generalizarlas con técnicas mediadas por SGD.

4. Historia de un problema. Distintos enunciados, diferentes formas de resolución

El tratado *Lugares planos* (220 a.C., aprox.), escrito por Apolonio, estudia condiciones que conducen a rectas y circunferencias como lugares geométricos. Fermat, en el año 1629, comienza sus estudios sobre la geometría analítica y reconstituye el tratado de Apolonio en su obra *Introducción a la teoría de los lugares planos* y *espaciales* sobre la base de los textos de Pappus, porque el original se perdió. Según Fermat, los trabajos antiguos sobre *loci* podrían ser difíciles de analizar porque no estaban enunciados de un modo general. En esta recuperación Fermat realiza más que una reformulación de enunciados, ya que se presenta como un estudio de los problemas formando ecuaciones entre dos cantidades desconocidas como base de los *loci* y, a través de las diferentes posiciones de un punto (él lo llama punto extremo) se describe ese *locus*. Esta obra de Fermat fue publicada por su hijo luego de su muerte en el año 1679 y podría ser uno de los motivos por los que se consideró al trabajo de *Geometría* de Descartes como único basamento de la geometría analítica.

El problema que analizaremos está en el Libro II de *Lugares planos* de Apolonio y es el primero que reconstruye Fermat. El enunciado general podría ser: "puntos cuya suma entre los cuadrados de las distancias a dos puntos fijos es constante" (Boyer, 1994: 37).

La alusión en el enunciado a una suma de cuadrados entre distancias nos puede recordar una figura como un triángulo rectángulo y el teorema de Pitágoras,[9] si bien no se hace referencia a que esas distancias se pueden corresponder con medidas de lados de un triángulo. Focalizaremos en esta diferencia entre los tratamientos algebraicos e instrumentados.

En un desarrollo algebraico con lápiz y papel, una figura de análisis básica sobre el enunciado nos lleva a un planteo desde la expresión algebraica de distancia entre dos puntos, técnica propia de la geometría analítica (figura 16).

Figura 16: Dibujo a modo de figura de análisis. Fuente: elaboración propia.

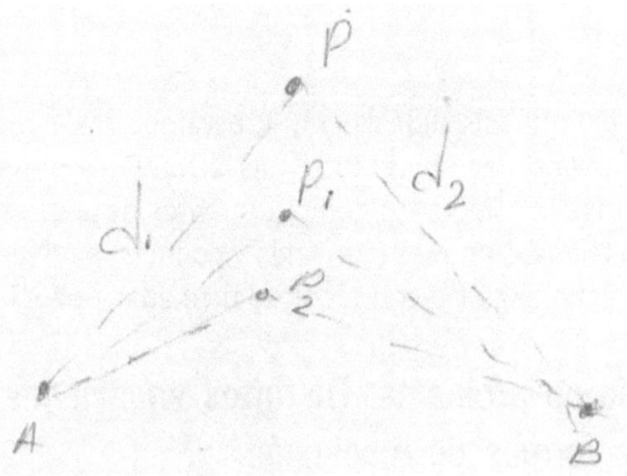

---

9   Este *locus* es tratado por Puig Adam (1976: 131-132) como propiedades que surgen a partir de la generalización del teorema de Pitágoras, relacionando altura y mediana de uno de los lados.

Planteamos las expresiones de las dos distancias, asignando la letra "m" a esa distancia constante entre los puntos fijos: $d(AP)^2 + d(BP)^2 = m$

Al realizar la suma, desarrollar los cuadrados y agrupar las expresiones:

$$m = 2x^2 + 2y^2 - 2(x_b + x_a)x - 2(y_b + y_a)y + x_a^2 + x_b^2 + y_a^2 + y_b^2$$

Es la ecuación de una circunferencia con centro en el punto medio del segmento determinado por los puntos fijos. Desde esta resolución algebraica se impone que la expresión de conformación del radio debe ser positiva (surge de la resta entre expresiones de las coordenadas de A y B, con la constante m) para que el problema tenga solución.

En este desarrollo, la utilización de técnicas algebraicas produce un *locus* porque obtuvimos ecuaciones que contienen dos cantidades desconocidas, las coordenadas del punto P, como "el punto corredizo" que describe cada lugar, según dice Fermat o, como el "punto genérico" en su denominación más actual. La resolución se basó en la técnica de los dos lugares, que implícitamente se forman en cada ecuación de distancia. Esta técnica, que también es sintética, supone la necesidad de más condiciones en la construcción de cada *locus* cuando se lo relaciona con figuras geométricas, además de posibilitar una nueva caracterización mediante "un punto dinámico", si la técnica está mediada por SGD.

En un contexto geométrico, esta distancia constante puede ser la hipotenusa de un triángulo rectángulo, combinando la relación pitagórica y la triangular. Al comenzar la construcción, habría que preguntarse si los puntos fijos dados pertenecen a ese triángulo. Posiblemente no, porque no lo indica de ese modo el enunciado y, de ser así se formaría un solo triángulo que no posibilitaría la formación del *locus*, con su punto móvil que lo genere. Por lo que se trabajará con dos figuras, una formada por el triángulo rectángulo y otra que se formará desde la marcación de los dos puntos fijos. La construcción del triángulo rectángulo, con MN como constante, recta MD como cualquiera posible para formar luego uno de los lados y la perpendicular por N a la recta anterior. El punto D, que no pertenece al triángulo, es el que se mueve para generar los triángulos rectángulos que cumplen la condición del problema. Las diferentes posiciones del vértice C, describirá el *locus* buscado (figura 17).

Figura 17: Triángulo rectángulo como referencia de los datos del problema. Fuente: elaboración propia.

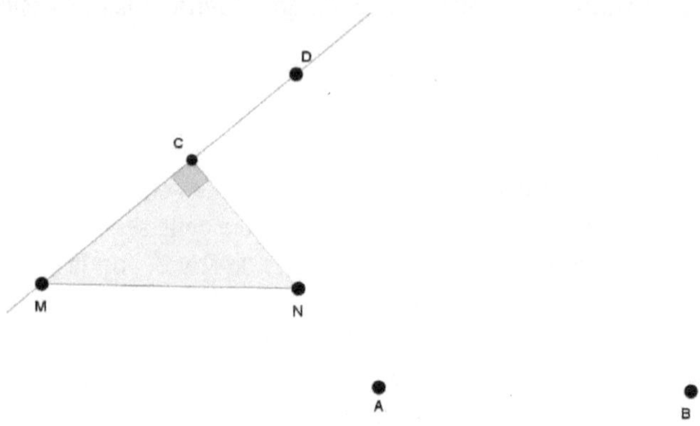

Con la misma técnica de construcción anterior, la de los dos lugares geométricos (intersección entre circunferencias de centro A y B, respectivamente con radios de medida de los catetos), relacionaremos ambas partes de los datos del problema. El arrastre de test sobre el punto D (Arzarello y otros, 2012), pone en primer plano:

- La determinación de las intersecciones depende de la distancia entre los puntos fijos A y B, que se relaciona con las desigualdades triangulares y, si cuando los puntos de intersección se ubican sobre A y B, estas posiciones forman parte de la solución (figura 18).

Figura 18: Formación del locus activando Rastro sobre E y F. Fuente: elaboración propia.

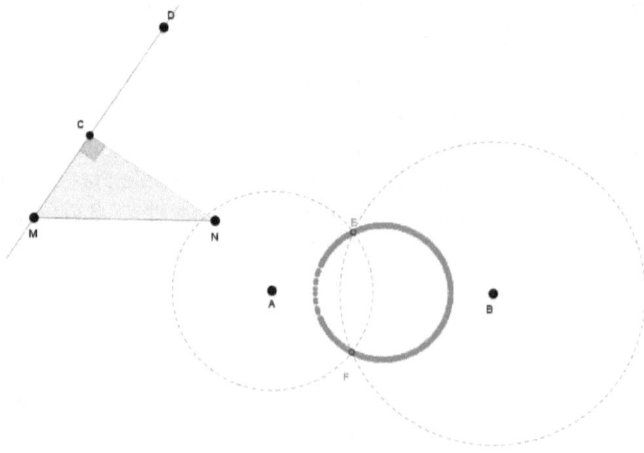

- El punto C toma posiciones siguiendo un recorrido que puede ser otro *locus* sobre el triángulo rectángulo, como si el arrastre sobre D también permitiera descubrir un lugar geométrico oculto (Arzarello y otros, 2012) (figura 19).

Figura 19: Formación de otro loci activando Rastro sobre D, E y F, con arrastre de test sobre C. Fuente: elaboración propia.

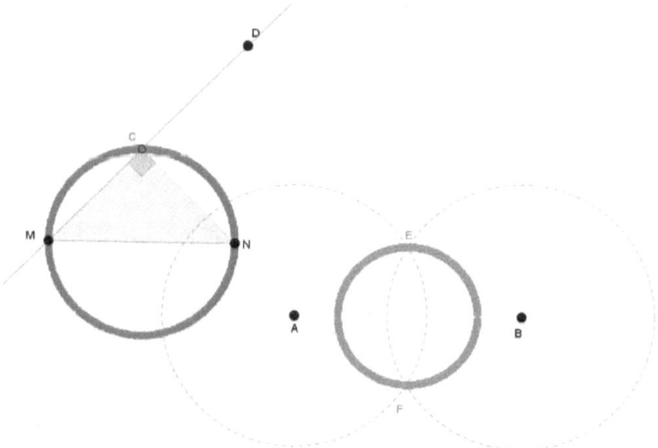

¿Son dos *locus* diferentes? Podemos asegurar que sí, porque el que determinan E y F depende de la relación entre las medidas de los lados de triángulos AEB-AFB, que solo tendrán las mismas características (posición del centro y medida del radio) cuando las medidas MN y AB sean iguales, posibilidad que se había contemplado.

En este problema no es posible aplicar en GeoGebra la herramienta LG porque los *loci* están generados por el punto C que no se encuentra sobre un recorrido, sino que pertenece a la recta de uno de los lados del triángulo rectángulo y, por ende, tampoco el comando correspondiente a EcuaciónLugar. Por lo que, si queremos conocer la ecuación de ellos por técnicas algebraicas instrumentadas, por ejemplo, podremos aplicar la herramienta Circunferencia por tres puntos y nos informa sobre las mismas. Para el *locus* que determinan E y F, es necesario contar con un punto más y, con marcar un punto sobre el rastro se encuentra la ecuación que puede ser aproximada, pero es un buen inicio del tratamiento propiamente algebraico (encontrar centro y radio, por ejemplo) (figura 20).

Figura 20: Ecuaciones de los loci con la herramienta Circunferencia por tres puntos. Fuente: elaboración propia.

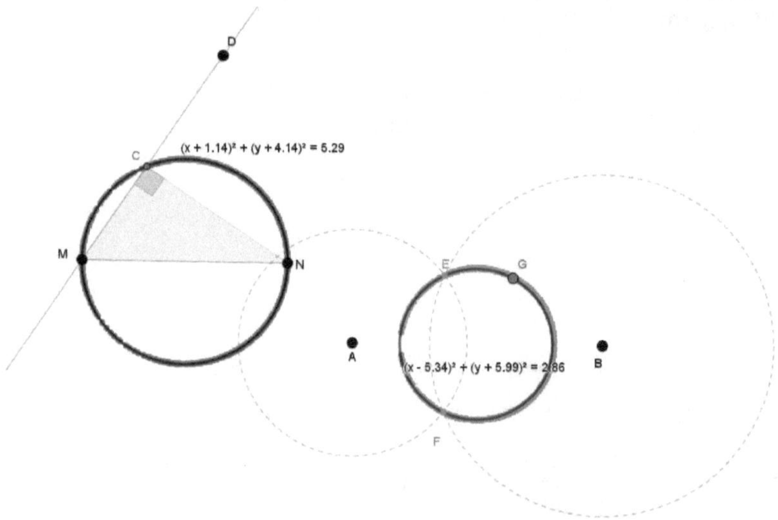

¿Es posible reformular este problema planteado por Apolonio para un contexto dinámico? Una posibilidad puede ser enunciarlo como sigue: "punto que se mueve formando un ángulo recto de un triángulo rectángulo, de modo que la suma entre los cuadrados de las medidas de dos de sus lados sea constante respecto de otros dos puntos fijos".

La imposición del movimiento al punto genera interrogantes que llevan a tomar decisiones en el entorno dinámico y sus herramientas. Nuevamente el circuito del trabajo matemático por parte de quien lo resuelve, con la aplicación de diversas técnicas comienza a funcionar.

Ahora bien, este *locus* propuesto por Apolonio, considerando su caso particular cuando la distancia constante es la medida de la hipotenusa del triángulo rectángulo, fue analizado y demostrado por otros matemáticos en sus respectivas obras:

- Jourdain: "vértice de un ángulo que se mueve de modo que los lados del ángulo pasen deslizándose por dos puntos fijos y el ángulo sea siempre recto" (Jourdain, 1919: 31).

   Si construimos lo propuesto en el enunciado con GeoGebra se logra esa curva que describe el rastro del vértice (C) y su movimiento depende de otro punto (D) construido como auxiliar en otra recta perpendicular, para darle la movilidad necesaria a C. De otro modo este tendría una única posición respecto de A y B, que son fijos (figura 21).

Figura 21: Curva que describe el vértice C de un ángulo recto. Fuente: elaboración propia.

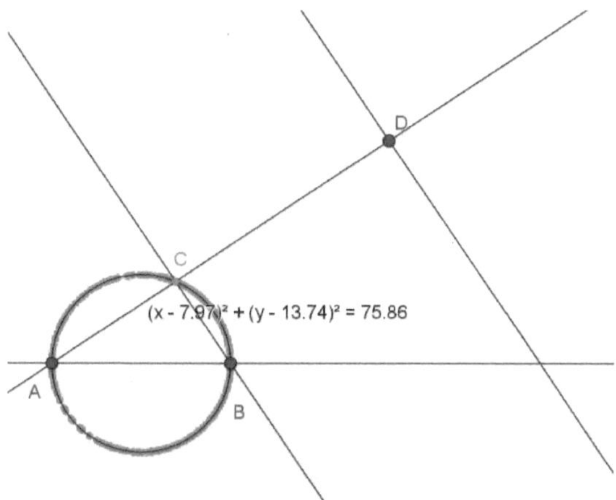

Nuevamente, no es posible aplicar LG para precisar la curva que describe C porque el punto D no se encuentra sobre otro recorrido establecido como lo requiere la herramienta. Pero, si aplicamos la herramienta Circunferencia por tres puntos, marcando A, B y C, el *software* construye la circunferencia y es posible comprobar que se superpone con el rastro de C.

- Puig Adam: como "lugar geométrico de Thales", diciendo "la circunferencia que tiene por diámetro la hipotenusa de un triángulo rectángulo para por el vértice del ángulo recto" (Puig Adam, 1976: 52).
  La diferencia entre estos enunciados radica en qué elemento se toma como constitutivo de la condición. Para Puig Adam es la circunferencia, como figura construida de esa forma y, es la que impone la propiedad. Para Jourdain es el vértice del ángulo. Considerar al vértice del ángulo recto como elemento constitutivo del *locus*, posibilita formular otra relación. Porque para cada posición que tome ese vértice móvil, la relación entre las medidas de los catetos de cada triángulo rectángulo se mantiene constante (se forman triángulos semejantes).

- El problema conocido como círculo de Apolonio, y que también integra *Lugares planos*, será el vínculo entre lo propuesto por Jourdain (1919) y los desarrollos de Puig Adam (1976). El enunciado es: "el lugar geométrico de los puntos cuya razón de distancias a dos puntos fijos es constante (distinta de uno), es una circunferencia" (Boyer, 1994: 191).

Intentamos, sobre la base de la figura de análisis que realiza Puig Adam (1976) en su texto (figura 22), encontrar el lugar geométrico que describe el punto C cuando la razón entre las distancias AC y BC es una constante, (b/a) siendo A y B dos puntos fijos. Construimos las bisectrices, interior y exterior, del ángulo ACB. Se determinan los puntos V_c y V'_c, que son las intersecciones, respectivamente, entre las bisectrices y la recta AB. La utilización de las bisectrices de un ángulo de un triángulo para fundamentar esta relación proviene que estas cortan a la recta que contiene al lado opuesto en segmentos proporcionales a los otros dos lados.

Esas intersecciones (V_c y V'_c) son también puntos fijos y son los únicos puntos de la recta AB que guardan la misma relación (b/a) respecto de las distancias a A y B. Además, esas bisectrices son siempre perpendiculares entre sí, por lo que el punto C pertenece a una circunferencia de diámetro $V_c V'_c$.

Figura 22: Construcción del lugar geométrico conocido como "Círculo de Apolonio". Fuente: Puig Adam, 1976: 48.

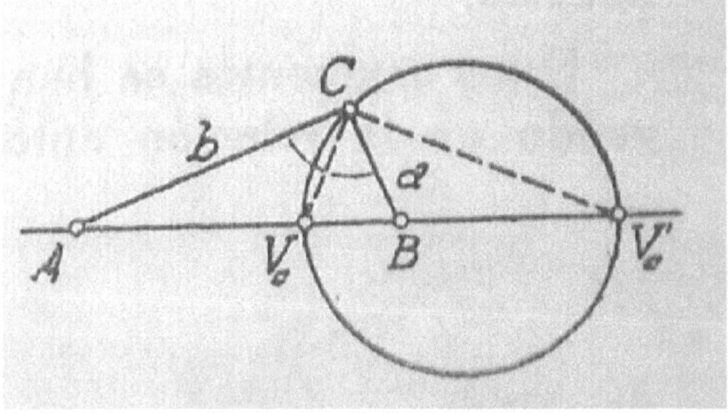

Es decir que, la demostración de esta propiedad por geometría sintética se basa en la construcción de las bisectrices del ángulo que forman las rectas (un punto del *locus* y los dos puntos fijos) porque están a la misma distancia de los lados y las intersecciones con el segmento fijo mantendrán la misma relación.

La incorporación de un SGD, como GeoGebra, posibilitará la combinación de las propuestas de resolución presentadas en el tratamiento de este *locus*. El vértice móvil D puede constituir uno de los vértices de una familia de triángulos ADB, que se forman por la intersección de las medidas de los catetos DM y DN con la recta que contiene a A y B (son dos lugares geométricos) (figura 23). Por lo que, para cada posición de D se forma un triángulo ADB, en el cual las medidas de los segmentos AD y BD están en la misma relación que la de los segmentos DM y DN, los cuales por pertenecer a rectas perpendiculares entre sí forman las bisectrices del ángulo ADB.

Figura 23: Construcción de la familia de triángulos ADB. Fuente: elaboración propia.

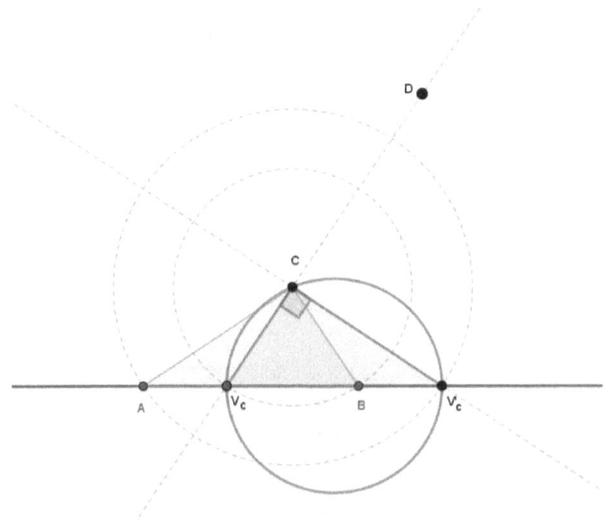

En este nuevo acercamiento del círculo de Apolonio hemos seguido un recorrido inverso en la generación de las propiedades geométricas existentes:

- partimos de un ángulo recto como generador del *locus*,
- determinamos la proporcionalidad entre los catetos de cada triángulo rectángulo que es posible construir,
- construimos un triángulo (como representante de una familia), con las medidas anteriores,
- establecimos la relación de proporcionalidad entre los respectivos lados de los dos triángulos,
- proponemos la exploración de propiedades de las bisectrices de un ángulo (interior y exterior), respecto de las medidas de los lados del triángulo que es posible formar con ese ángulo.

Y sí, otra vez la bisectriz. Hemos analizado problemas, en diferentes contextos de la historia de la matemática, donde este objeto parece haberse transformado por acción de las prácticas matemáticas. Este objeto, que parece haber sido caracterizado casi exclusivamente por bisecar a un ángulo, logra constituirse mediante la aplicación de técnicas instrumentadas, como un *locus* adecuado para el tratamiento del campo de problemas relacionados con tangencias entre rectas y circunferencias. Luego, por análisis de otros *loci*, la bisectriz se integra a la resolución de nuevos problemas que la incluyen como un instrumento constituyente de otras propiedades sintéticas que están instrumentadas por SGD.

La selección de esos problemas geométricos nos plantea no solo la necesidad de estructurar un campo o dominio de los mismos, sino establecer cómo en esa posible estructura influye de un modo considerable la historia de la matemática y la incorporación de SGD.

Un buceo en la historia permite conocer las cuestiones que dieron lugar a los diversos conceptos; las intuiciones e ideas que dieron origen; los problemas que se querían resolver; los métodos y técnicas que desarrollaban. Además, el estudio de la historia nos propone una reflexión de tipo epistemológica sobre cómo es posible organizar los contenidos para que el paso de la geometría sintética a la analítica se haga de una forma más natural. ¿Seguimos con esa estructura lógica planteada por Euclides?, ¿tenemos en cuenta que *Elementos* es un trabajo de sistematización y ordenamiento de más de mil años de conocimiento matemático? González Urbaneja (1986) nos da una posible respuesta cuando dice que la axiomática de Euclides no responde a exigencias actuales, aunque haya sufrido transformaciones por parte de otros matemáticos (como Hilbert) y una adecuación en los libros de texto. Este autor afirma que en los primeros problemas geométricos (que asumimos como sintéticos) no es necesario contar con un bagaje cargado de muchas reglas porque lo convierte en algo complicado y le da un aire de fragilidad e incertidumbre. Por lo que, en un comienzo la geometría podría seguir un camino basado en la experiencia (resolución de problemas) para la elaboración de conceptos fundamentales, que se formularán desde una perspectiva deductiva. Aquí, un posible ejemplo de esa restructuración está presente en el tratamiento de la bisectriz como *locus*. Partimos de una imagen, por decirlo de algún modo, que está en *Elementos*; formulamos una nueva caracterización con técnicas sintéticas, lo cual nos brindó el sustento teórico necesario para convertirla en una técnica instrumentada, posible de aplicar a otros problemas como *Tangencias* de Apolonio. Las conformaciones gráficas de esas construcciones nos llevaron a relacionar con otras propiedades de las bisectrices de ángulos que, en un recorrido clásico, están dispersas y dependiendo de las figuras en donde se las construye (círculo de Apolonio, puntos y rectas notables en los triángulos, por ejemplo).

5. Algunas reflexiones finales

El enfrentamiento entre la geometría sintética y analítica que plantea Santaló (1960) en el primer párrafo del capítulo es para Gascón (2002a, 2003) como una falsa controversia, fruto de un análisis epistemológico superficial. Puesto que, cuando comenzamos a explorar un campo de problemas de la geometría sintética (como lo hemos realizado) aparece la necesidad (como en cualquier proceso de estudio de un campo de problemas) de introducir pequeñas variaciones en los problemas de dicho campo y, muy rápidamente nos encontramos con problemas para los cuales la técnica inicial presenta determinadas limitaciones. Se produce entonces la necesidad, tanto epistemológica como didáctica, de variar esa técnica inicial y de que esta variación provoque la aparición de técnicas analíticas o algébricas porque su justificación se da dentro del campo de estudio algebraico.[10] Por lo que este autor postula la tesis de continuidad entre ambas geometrías: la sintética y la analítica. Acordamos con esta propuesta de Gascón (2002a) y podríamos justificarla, desde lo histórico y lo epistemológico, según lo presentado en el capítulo.

Desde la cuestión histórica porque, aún en el breve recorrido presentado en este capítulo, se evidencia que los matemáticos retomaban los problemas que se habían planteado de un modo sintético, resueltos o no, para seguir investigando sobre ellos. Desde un comienzo, *La Geometría* de Descartes en su reinterpretación de los problemas de construcción griegos, la generalización del problema de Pappus; o bien el trabajo de Fermat, sobre las producciones de Apolonio, Pappus y Vieta respecto de los lugares geométricos. A comienzos del siglo XIX puede hablarse de controversia, sobre todo por los métodos utilizados para tratar temas geométricos. ¿A qué se debían estos enfrentamientos? En primer término, algunos matemáticos tenían una preferencia personal por los métodos sintéticos puesto que no sabían si la geometría analítica era verdaderamente una geometría, ya que el álgebra estaba en primer plano de los métodos y resoluciones que se realizaban. Otro motivo que argumentaban radicaba en el grado de validez que podían tener las demostraciones de tipo analíticas, puesto que las realizadas sintéticamente permitían conclusiones simples y evidentes. Además, ya adelantaban que

---

10 Descartes considera al álgebra como "arte analítico", por lo que es posible utilizar el adjetivo "analítico" casi como sinónimo de "algebraico".

ciertos problemas podían ser plenamente resueltos solo con métodos sintéticos (Collette, 1980; Kline, 1999).

Desde la perspectiva epistemológica, Félix Klein en el año 1872 proclama
el abandono de estas controversias inútiles entre la "tendencia sintética" y
la "tendencia analítica" porque el campo de la intuición del espacio no está
cerrado al método analítico puesto que sus fórmulas pueden considerarse
como una expresión clara y precisa de las relaciones geométricas (Collette,
1980). Santaló (1960), quien primero comienza con una postura de enfrentamiento, pero luego acuerda con Puig Adam (1976), afirma la existencia de
un dominio de problemas, los resolubles con regla y compás, en los cuales
es posible implementar tanto técnicas sintéticas como algebraicas para su
resolución. Gascón (2002, 2003) jerarquiza más ese dominio de problemas
porque propone, desde la reformulación de un problema inicial, el estudio
de un *campo de problemas* o un *tipo de problemas* con sus modos de hacer
o técnicas que pueden resultar insuficientes para llegar a un grado de generalización.

Al mismo tiempo, hemos marcado cuestionamientos sobre una posibilidad de reorganizar los problemas geométricos para que un concepto como
locus, mediado por un SGD como GeoGebra, sea centro de las actividades
matemáticas propuestas y se constituya en constructo clave de la propuesta. Por ello, abonamos la idea no solo de la continuidad si no también
la complementariedad entre las geometrías sintética y analítica, en el estudio
de los *loci*.

La continuidad queda probada por los mismos matemáticos, Descartes
y Fermat, cuando retoman problemas (en especial los *loci*) ya analizados
por Euclides, Apolonio y Pappus, entre otros, para conferirles un estatus
de generalidad mediante la aplicación de técnicas que combinan construcciones propias de las sintéticas con la representación simbólica del álgebra.
Podríamos decir que es la dimensión epistemológica de la formulación, la cual
algunas veces queda relegada a un segundo plano por cuestiones de un análisis superficial de un concepto matemático en la historia de la matemática.

La complementariedad puede establecerse por la utilización de las mismas
técnicas o modos de resolver los problemas. Por ejemplo, la técnica de los
dos lugares geométricos, propia de la sintética, tiene su correlato algebraico-
analítico cuando se plantean ecuaciones (o sistemas) que describen a esas
construcciones realizadas. En los problemas analizados hemos considerado
dos lugares geométricos, la recta y la circunferencia, como base del empleo
de la técnica sintética nombrada y la conformación de otros *loci* según condiciones impuestas por el enunciado. Se ha conformado así un dominio de

problemas (Santaló, Puig Adam) o un campo de problemas (Gascón2002a, 2002b), en los que mínimas modificaciones (bisectriz de un ángulo de un triángulo a bisectriz de un ángulo formado por dos rectas que se cortan), reformulan características geométricas que conforman bases estratégicas para un planteo más general en el ámbito analítico.

La incorporación de un SGD, como GeoGebra, permite una visualización inmediata de esta complementación por la interacción entre sus vistas Gráfica y Algebraica, pero ello no implica una transferencia directa entre una representación y otra, ya que se requiere de un discurso teórico que sustente esas técnicas instrumentadas. La construcción de este discurso debe tener un estatus matemático y epistémico en igual jerarquía que el trabajo matemático con lápiz y papel (Artigue, 2002). Por lo que, la conformación de un *locus* mediado por SGD hace necesario que se encuentre ese discurso teórico, dotando al concepto de una condición dinámica a modo de relación entre dos puntos, en donde uno de ellos "está obligado a moverse" sobre un objeto geométrico (Jourdain, 1919) y el otro conforma figuras como un conjunto de puntos que pueden ser construidas o como un todo (visión sintética) (Jahn, 2002).

Podría ser oportuno recordar las palabras de Kline:

> La geometría sintética es una parte esencial de las matemáticas cuya base es la geometría euclídea, pero además la geometría proporciona la interpretación gráfica de la mayor parte del trabajo analítico. Los matemáticos piensan habitualmente en términos de imágenes, y la geometría no solo proporciona imágenes, sino que sugiere nuevos teoremas analíticos (Kline, 1999: 190).

La postura que toma Kline puede actuar como una articulación entre el pensamiento de Jourdain (1919) y el de Jahn (2000). El primero porque asocia la conformación de una idea geométrica, como los *loci*, a una representación gráfica intuitiva. La segunda porque expresa que la incorporación de un *software* adecuado, como puede ser GeoGebra, provee de nuevas herramientas (técnicas instrumentadas) para interpretar objetos matemáticos abstractos, como determinar un *locus*, mediante una generación dinámica de la figura.

El aporte que ambos autores comparten es la condición de movimiento que está implícita de algún modo en la caracterización de los *loci* y, por lo tanto, la componente visual en su conformación toma un primer plano. Además, en ese entorno de movimiento ambos destacan que un *locus* se forma por las distintas posiciones de un punto que se mueve obligado por otro punto, que ha sido construido geométricamente *ad hoc* a la situación. Esto último es una característica propia de un SGD, que de este modo construye la figura de ese *locus* punto a punto, como es el caso del atributo

Rastro de un punto, o bien con la herramienta LG que da una entidad global al resultado, como un puente con la definición estática que es propia de la geometría sintética.

La perspectiva dinámica posibilita identificar al *locus* con la trayectoria de un punto (el que lo describe o traza) que depende de otro punto móvil ubicado en una figura construida en un SGD (Jahn, 2002; Acosta y otros, 2013). De esta forma, se incluyen las dos formas de visualizar un *locus* conformado con técnicas instrumentadas, a modo de huellas que deja un punto o bien como un nuevo objeto si la construcción se ajusta a las condiciones de ese SGD, como GeoGebra. Por lo que, teniendo en cuenta lo referido a lo largo de este trabajo, una nueva posibilidad para caracterizar a los *loci* en un entorno dinámico, podría ser: "punto que se mueve describiendo una trayectoria y se visualiza mediante la dependencia de otro punto móvil que se ha construido sobre una figura geométrica".

Este enunciado general podría particularizarse cuando en la última parte de la frase "…se ha construido sobre una figura geométrica", se reemplaza por características específicas de la misma. Por ejemplo, en uno de los enunciados del círculo de Apolonio dice "…los lados del ángulo pasen deslizándose por dos puntos fijos y el ángulo sea siempre recto".

Esta propuesta puede parecer un tanto amplia, pero ese es su propósito porque allí se incluyen los *loci* que se obtienen:

- solo a través del Rastro del punto generador,
- con la complementación entre esa traza y la herramienta LG,
- mediante la construcción de un "punto dinámico" en los problemas de optimización que se plantean como un nexo entre geometría y álgebra, con enfoque funcional.

Creemos que no es necesario incluir en esta propuesta una mención al comando Ecuación Lugar porque muestra solo el resultado de un proceso de construcción y, no es tan más significativo para la reformulación del concepto *locus* cuando es mediado por un SGD. Sí podría ser relevante para corroborar en este contexto esa complementariedad entre las técnicas de ambas geometrías, porque la comprensión de algunos resultados analíticos mejora cuando son tratados previamente los problemas en el ámbito de la geometría sintética (Gascón, 2003).

Lo expuesto hasta ahora en el capítulo podría resumirse en una red conceptual (figura 24) y que, a modo de síntesis de este apartado, permitiría visualizar cómo se han ido relacionando y reformulando los diferentes aportes tomados en referencia con el tema.

Ubicar al *locus* en el centro de la red es también como una toma de posición respecto de qué temas de estudio de la geometría se realizan, con la integración de un SGD. Laborde (2002) y Jahn (2002) formulan que se han priorizado investigaciones sobre algunos temas de la geometría euclidiana en detrimento de otros, como pueden ser las transformaciones geométricas y los *loci*. Esto puede deberse a que estos temas están dentro del ámbito de las construcciones geométricas y, como tales, no se crea necesario reformular su definición para entonos dinámicos. Además, como el *software* dinámico tiene herramientas específicas para esas construcciones, este actúa como una caja negra que necesita de elementos como insumos y devuelve otros como resultado, quedando así en un segundo plano porqué sucede y qué trasfondo conceptual (histórico y epistemológico) lo conforma. Esta es una de las cuestiones que hemos desarrollado en el presente trabajo.

En esta reformulación, *locus* como objeto geométrico a un constructo mediado por un SGD, los problemas posibilitan la realización de tareas en donde la construcción del concepto de un objeto variable se potencie con gráficos dinámicos que tienen una trayectoria impuesta, necesite de una explicación de ese comportamiento dinámico y, de esta forma, se integren las técnicas instrumentadas con sus discursos teóricos, a modo de un largo camino a recorrer, no fácil, para probar su viabilidad (Artigue, 2003; Laborde, 2002).

Cuando en un sistema (institucional o personal) se introduce un nuevo elemento, como la tecnología, este es perturbado (Laborde, 2002) y se tienen que tomar decisiones para lograr un nuevo equilibrio entre los elementos que lo conforman. Por ejemplo, en el conocimiento matemático, ¿cómo resultan afectados sus objetos por la tecnología?, ¿qué aspectos se conservan y cuales se modifican?, ¿incorporamos tecnología para introducir una idea o solo para aplicarla? Las preguntas de la autora nos permiten responder interpelando los desarrollos de este capítulo. En este caso, la incorporación de un SGD, afectó al tratamiento clásico del *locus*. Lo ubica ahora como un nexo entre las dos geometrías, de modo que su complementariedad se manifiesta por la aplicación de técnicas que antes estaban solo en el entorno sintético y, ahora de una forma inmediata tiene un correlato analítico-algebraico por la interacción entre las vistas del *software*. Luego, ese *locus* necesitó de una reformulación como objeto matemático para ser un constructo asociado a un entorno dinámico, como un punto que se mueve acorde con otras construcciones geométricas. ¿Qué se mantiene en este constructo? La idea de puntos que, bajo determinadas condiciones, conforman una figura no tratada como un todo sino posible de ser construida. Proponemos que este tipo de tratamiento del *locus* se utilice desde el comienzo. Creemos que esto es posible puesto que los problemas analizados y las tareas que intervienen en su resolución no presentan dificultad, por las construcciones realizadas con el *software* y su relación con otros temas matemáticos.

Por último, en la complementariedad entre ambas geometrías, el rol del SGD ha sido como lo describe Laborde. Primero como perturbador, desequilibrante, en esa supuesta armonía entre ellas, porque no se intersectaban los ámbitos. Técnicas sintéticas por un lado (con sus instrumentos clásicos de trabajo), técnicas analítico-algebraicas por el otro (formulación de ecuaciones y fórmulas). Su ingreso, el de SGD, exhibió que se debieron realizar reformulaciones en ambas partes para lograr un nuevo equilibrio: *locus* como un constructo matemático. Ya no es relevante por qué técnica se comienza la resolución de un problema, sino que estén presentes ambas formas de análisis. Cada una puede aportar caracterizaciones diferentes en la problemática para que, en definitiva, se logre una formulación general del trabajo matemático mediado por tecnología.

Para finalizar este capítulo y casi como un *locus* obligado a moverse según condiciones, volveremos sobre nuestras cuestiones iniciales:

- Hemos podido construir un recorrido posible que denota la continuidad entre las geometrías sintética y analítica, que está regido por la propia historia con las respectivas contribuciones de los matemáticos que trabajaron sobre el tema.
- La historia brinda también material para una selección de problemas, con eje en un concepto determinado, que focaliza en la complementariedad y, por ende, en el buceo de sus características epistemológicas. No para decir qué geometría es mejor que otra, sino para colocar en diálogo permanente a sus receptivas técnicas de resolución.
- La incorporación de un SGD, como GeoGebra, con su aporte de técnicas instrumentadas, ha constituido el trío base de este trabajo, junto con las perspectivas históricas y epistemológicas. Se requiere de una reflexión exhaustiva del valor epistémico de esas técnicas en pos de lograr un proceso de estudio de la matemática, puesto que:

> La herramienta tecnológica es utilizada como un medio para explorar de forma interactiva diferentes tipos de representaciones gráficas generando un escenario caracterizado por un ambiente que provee un rango de herramientas para construir objetos geométricos con una variedad de objetos primitivos (puntos, segmentos, líneas…) que pueden generar en los alumnos dependencia en los resultados que muestra la pantalla, sin reflexionar sobre el proceso de construcción de la tarea por lo cual, la intervención pautada, pensada, guionada del docente se hace insoslayable (Villella, 2012: 157).

6. Bibliografía

Acosta M. E. y otros (2013). "Lugares geométricos en la solución de un problema de construcción: presentación de una posible técnica de una praxeología de geometría dinámica", *Educación Matemática*, vol. 25, núm. 2, agosto, pp. 141-160, Distrito Federal México: Grupo Santillana México.

Artigue, M. (2003). "Aprendiendo matemáticas en un ambiente CAS: la génesis de una reflexión sobre la instrumentación y la dialéctica entre el trabajo técnico y el conceptual". Université Paris 7 Denis Diderot & IREM. Disponible en: http://www.mat.uson.mx/calculadora/artigue.htm.

Arzarello, F. y otros (2002). "A cognitive analysis of dragging practices in Cabri environments", *Zentralblatt fur Didaktik der Mathematik* 34 (3), pp. 66-72.

Balacheff, N. (1994). "La transposition informatique. Note sur un nouveau problème pour la didactique", en Artigue, M. y otros (eds.). *Colloque Vingt ans de didactique des mathématiques en France*. Hommage à Guy Brousseau et Gérard Vergnaud. La Pensée Sauvage éditions Grenoble. Collection: Bibliothèque de didactique des mathématiques, pp. 364-370.

—— (2000). "Entornos informáticos para la enseñanza de las matemáticas: complejidad didáctica y expectativas", en Gorgorió, N.; Deulofeu, J. y Bishop A. (eds.). *Matemáticas y Educación: Retos y cambios desde una perspectiva internacional*. Barcelona: Graó ICE-UB, pp. 70-88.

Boyer, C. (1996). *Historia de la matemática*. Madrid: Alianza Universidad Textos.

Chevallard, Y.; Bosch, M. y Gascón, J. (1997). *Estudiar matemáticas. El eslabón perdido entre la enseñanza y el aprendizaje*. Barcelona: ICE/Horsori.

Brousseau, G. (2007). *Iniciación al estudio de la teoría de las situaciones didácticas*. Buenos Aires: Libros del Zorzal.

Collette, J. P. (1986). *Historia de las matemáticas* (vol. I y II). México: Siglo XXI.

Courant, R. y Robbins, H. (2006). *¿Qué es la matemática?* Madrid: Aguilar.

Dantzig, T. (1971). *El número. Lenguaje de la ciencia*. Buenos Aires: Editorial Hobbs-Sudamericana S. A.

Euclides (1991). *Elementos*. Libros I-IV. Madrid: Gredos.

Ferragina, R. (2017). *Estudio de la complementariedad entre la geometría sintética y analítica a través de un software de geometría dinámica: el lugar geométrico como constructo teórico de referencia*. Tesis de Maestría. Buenos Aires: Universidad Nacional de San Martín.

Gascón, J. (2002a). "Evolución de la controversia entre geometría sintética y geometría analítica. Un punto de vista didáctico matemático", *Disertaciones del Seminario de Matemáticas Fundamentales* N°28. Madrid: Universidad Nacional de Educación a Distancia.

—— (2002b). "Geometría sintética en la ESO y analítica en el bachillerato. ¿Dos mundos completamente separados?", *Revista Suma* 39, pp. 13-25.

—— (2003). "Efectos del 'autismo temático' sobre el estudio de la geometría en secundaria", *Revista Suma* 44, pp. 25-34.

González Urbaneja, P. M. (2004). "La Historia de la Matemática como recurso didáctico e instrumento para enriquecer culturalmente su enseñanza", *Revista Suma* 45, pp. 17-28.

Jahn, A. P. (2000). "New tools, new attitudes to knowledge: the case of geometric loci and transformations in dynamic geometry environments", en Nakahara, T. y Koyama, M. (ed.). *Proceedings the 24th Conference of the international group for the psychology of mathematics education*, Vol. I. Hiroshima: University and PME, pp. 91-102.

—— (2002), "Locus and Trace in Cabri-géomètre: relationships between geometric and functional aspects in a study of transformations", *ZDM-Zentralblatt für Didaktik der Mathematik*, vol 34, N°. 3, pp. 78-84, jun, Berlin.

Jourdain P. (1919). *The Nature of Mathematics*. Londres: The People's Books.

Kline, M. (1999). *El pensamiento matemático de la Antigüedad a nuestros días*. 3 Vols. Madrid: Alianza.

Laborde, C. (2002). "Basar la enseñanza y el aprendizaje de las matemáticas en la noción de variación con geometría dinámica", en *Memorias del Congreso Internacional Tecnologías Computacionales en el Currículo de Matemáticas*. Bogotá: Ministerio de Educación Nacional. Universidad de Amazonia.

Lindner A. y Hohenwarter, M. (2016). "Geometría con GeoGebra3D", *Uso de GeoGebra para la enseñanza y el aprendizaje de las matemáticas. Revista Uno 71*. Madrid: Grao, pp. 20-25.

Puig adam, P. (1976). *Curso de Geometría Métrica* (tomo I y II). Madrid: Biblioteca Matemática.

Rey Pastor, J. y Babini, J. (1986). *Historia de la Matemática* (vol.1 y 2). Barcelona: Gedisa.

Rey Pastor, J.; Santaló, L. y Balanzat, M. (1959). *Geometría Analítica*. Buenos Aires: Editorial Kapelusz S. A.

Santaló, L. (1960). "Geometría Analítica y Geometría Sintética", *Academia de Ciencias Exactas, Físicas y Naturales* 15, pp. 9-31.

Villella, J. (2012). "Otras escenas para la matemática escolar", en Ferragina, R. (ed.). *GeoGebra entra al aula de Matemática*. Buenos Aires: Miño y Dávila-Espartaco, pp. 153-157.

Vinner S. (1991). "The role of definitions in the teaching and learning of mathematics", en Tall, D. (ed.). *Advance Mathematical Thinking*. Netherlands: Kluwer Academic Publishers, pp. 65-81.

CAPÍTULO 2

Entre lo conceptual, lo epistemológico y lo didáctico: interacciones con *software* de geometría dinámica para estudiar integrales

por Leonardo J. Lupinacci

1. Introducción

La inserción de las tecnologías en la enseñanza de la matemática –y en particular de *software* de geometría dinámica– es un tema de estudio desde hace varios años. Por un lado, emergen *a priori* ciertas características potentes en lo que se refiere a su uso en las aulas. A su vez, se abren interrogantes acerca de las posibles modificaciones que operan en el quehacer matemático que estas tecnologías median:

- ¿En qué medida se modifican las técnicas de resolución posibles con estos entornos en contraposición de los procedimientos en lápiz y papel?
- ¿Qué relaciones –conceptuales, históricas y epistemológicas– se ponen de manifiesto entre las producciones realizadas con *software* de geometría dinámica y el propio contenido matemático que esta tecnología posibilita mediar?
- ¿Cuáles son las características de las tareas a resolver, mediante estos entornos, que podrían influir en las producciones realizadas?

Proponemos entonces desarrollar estos interrogantes a partir del análisis de las interacciones posibles entre un resolutor, con un problema a resolver y un *software* de geometría dinámica como herramienta de mediación –GeoGebra en este caso–. Así, a lo largo de estos desarrollos, el lector encontrará distintos marcos de análisis y herramientas para la reflexión de estas problemáticas, que lo invitarán a repensar los desarrollos aquí propuestos para diversos niveles educativos y conceptos matemáticos.

En cuanto a la herramienta informática que hemos elegido para analizar las interacciones, los entornos de geometría dinámica donde se incluyen

Cabrí, GeoGebra, CaR y Cassyopée, entre otros, tiene como característica distintiva la coexistencia de elementos propios del dibujo puro y de elementos geométricos. Esto permite interactuar con los objetos construidos en tiempo real y visualizar las transformaciones en relación a las propiedades geométricas utilizadas para cada construcción. Además, cuestión no menor, este tipo de *software* fue desarrollado, desde su origen, con propósitos educativos. Esta consideración es una diferencia sustancial respecto de otros *softwares* que permiten el tratamiento de objetos matemáticos –planillas de cálculo, procesadores simbólicos o Computer Algebraic System (CAS) o *software* de tipo graficadores–.

GeoGebra en particular tuvo su origen fundamentado en la intencionalidad de integrar geometría y álgebra. Luego, evolucionó con la posibilidad de visualizar simultáneamente diversos marcos de representación como el algebraico, el gráfico (que incluye geometría métrica y analítica), el numérico (a partir de la planilla de cálculo) y el procesamiento simbólico o CAS (que permite obtener y manipular expresiones algebraicas en una notación similar a la estructura matemática convencional).

Así, se establecen *a priori* como las principales características de GeoGebra (y entornos similares) para el tratamiento del conocimiento matemático:

- Las características dinámicas y la posibilidad de manipulación en tiempo real, lo que potenciaría las actividades de experimentación y conjeturación.
- Su condición de conector entre múltiples representaciones (al permitir crear lazos entre distintos marcos potenciando la visualización).

Se trata de características de índole general propias de este entorno, que se proponen analizar a la luz de las posibilidades que brinda GeoGebra para el trabajo con la noción de integral. Análisis que proponemos comenzar a partir de la presencia de la noción de integral en la educación matemática y, de la evolución histórica-epistemológica del propio concepto.

2. La noción de integral mediada por *software* de geometría dinámica

¿Por qué trabajar con integrales? La enseñanza del cálculo en los últimos años de la escuela secundaria, viene siendo un tema de preocupación, respecto de cómo incorporarlo y de su tratamiento.

Estudios previos (Ferragina y Lupinacci, 2012; Lupinacci, 2015) nos han permitido entrever para el caso de la enseñanza del cálculo en general y la noción de integral en particular que, acorde con lo planteado por Artigue (1995), si bien es posible enseñar exitosamente el cálculo de primitivas y técnicas de resolución para problemas tipo, pareciera que surgen grandes dificultades al intentar desarrollar en los alumnos una comprensión conceptual propia de este campo de conocimiento. Específicamente, los elementos teóricos relacionados al concepto de integral, tal como se presentan y estructuran tradicionalmente, suelen resultar demasiado complejos para muchos alumnos tanto de los últimos años de la educación secundaria, como de los primeros años de los estudios superiores, al no comprender las estructuras deductivas a las que se los somete (Azcárate, Casadevall, Casellas y Bosch, 1996). Surge así la cuestión acerca de qué elementos de cálculo enseñar en estos niveles y cuál podría ser el enfoque. Así, el estudio cobra relevancia porque:

- Complementa los estudios centrados en el análisis del desarrollo del concepto de integral mediado por sistemas dinámicos.
- Cuestiona que el mero uso de estas tecnologías permita sortear las dificultades técnicas, haciendo emerger lo conceptual y requiriendo cada vez menos el cálculo exhaustivo de primitivas por medio de los métodos de integración tradicional.
- La problemática acerca de las posibilidades y alcances de la enseñanza de integrales en la escuela secundaria –donde en muchos casos están ausentes– y en la educación superior –donde suele realizarse mediante una presentación centrada en técnicas y problemas tipo–, principalmente en cuanto a la identificación de dificultades por parte de los alumnos en desarrollar una comprensión conceptual propia de este campo de conocimiento.
- La relevancia del cálculo integral al interior de las redes conceptuales que vertebran el contenido matemático en sí mismo como parte de nuestra cultura y en cuanto a las aplicaciones del mismo en otras ramas del conocimiento como la economía, las ciencias naturales y los desarrollos técnicos.

Sobre esta base, es necesario realizar un control efectivo del manejo de un *software* matemático como complemento del aprendizaje. También implica una reflexión sobre cómo organizar estos aprendizajes sin caer en un entramado de innovaciones concernientes al uso de tecnologías informáticas, que sobreestiman las características y subestiman la problemática de la gestión eficaz.

3. La noción de integral a través de la historia: de los procedimientos geométricos al rigor

¿Qué supone el concepto de integral que se propone mediar con un *software* de geometría dinámica? Un análisis del recorrido histórico de este concepto[1] evidencia que el mismo es mucho más que un grupo de definiciones y técnicas. Se trata de una red de conceptos interrelacionados entre sí que tienen su razón de ser a partir de los problemas que permitieron y permiten resolver. Conceptos que no han permanecido inalterables a través del tiempo, y han variado su base conceptual y su sentido epistemológico.

Diversos historiadores coinciden en destacar a Arquímedes (287-212 a.C.) como aquel matemático que introdujo las bases del cálculo integral, al desarrollar un enfoque principalmente geométrico y basado en trabajos previos como el descubrimiento de los inconmensurables por parte de la escuela pitagórica, el desarrollo del método de exhaución por parte de Eudoxo de Cnido (390-337 a.C.) y la sistematización de estos conocimientos en los *Elementos* de Euclides (325-265 a.C.) (González Urbaneja, 2008).

El método de exhaución consiste en un procedimiento de demostración para probar la equivalencia de figuras, basándose en una doble reducción al absurdo. En la prueba de que una figura A es equivalente a una figura conocida B, se ponen a prueba los supuestos de ser A mayor o menor que B, conduciendo a contradicciones, de manera que no queda otra alternativa que A sea equivalente a B. Este procedimiento se convierte, en manos de Arquímedes, en el método riguroso con el cual determina sus muchísimas cuadraturas y cubaturas para obtener áreas y volúmenes.[2]

El método de exhaución puede considerarse como la traducción geométrica de la operación del "paso al límite", característica de los métodos infinitesimales (Babini, 1966). Ambos métodos están naturalmente relacionados, ya que dan los mismos resultados, pero a partir concepciones diferentes. Los griegos tomaron a este método como el paradigma a seguir; aunque trabajaron con aproximaciones tan pequeñas como se quiera como una forma de eludir el problema del infinito.

---

[1] Un recorrido histórico detallado puede encontrarse en Lupinacci (2015).

[2] Se denomina cuadratura tanto al proceso como al resultado de *cuadrar* una figura para hallar su área. En la antigua Grecia este proceso consistía en construir geométricamente un cuadrado de área equivalente al área buscada. Análogamente, la cubatura se corresponde con la búsqueda de un cubo de volumen equivalente al volumen que se quiere hallar.

Cabe mencionar que la exhaución utilizada por Arquímedes constituye un método de demostración, pero no de descubrimiento. Esto último fue realizado por el matemático a partir de investigaciones mecánicas, sobre la base de la idea de balancear figuras geométricas (sin peso físico) como si de cuerpos físicos se tratase, en una analogía del principio físico del equilibrio conocido como ley de la palanca.

Podemos continuar el análisis deteniéndonos en la primera mitad del siglo XVII, conocida como "la época de los indivisibles". Estos son los elementos que componen una figura de dimensión mayor: los puntos son los indivisibles de los segmentos, los segmentos lo son de las figuras planas y las secciones planas lo son de los sólidos.

Bonaventura Cavalieri (1598-1647) sentó las bases del trabajo con indivisibles, procedimiento que guarda cierta analogía con el método de equilibrio físico de Arquímedes. Pero en estos trabajos, el equilibrio de las figuras ya no se realiza a partir del método de la palanca, sino a partir de desarrollos algebraicos y de la naciente geometría analítica, logrando grandes avances en cuadraturas y cubaturas. Avances que podrían pensarse como los primeros pasos de una igualdad geométrica, que en terminología actual sería:

$$\int_0^a x^n\, dx = \frac{a^{n+1}}{n+1}$$

Fermat (1601-1665), continuando los trabajos de Cavalieri, demostró rigurosamente la igualdad anterior de forma general. Como sus antecesores, consideraba los problemas relativos a figuras como geométricos, disponiendo del el álgebra, un medio auxiliar para resolverlos. Bajo este paradigma, trabajó en la cuadratura de la hipérbola fraccionaria, aplicando una técnica en la que subyacen los aspectos esenciales de la integral definida: división del área bajo la curva en pequeños elementos; estimación de la suma de los elementos del área mediante rectángulos y de la ecuación analítica de la suma (Collette, 1993).

El desarrollo histórico del concepto continúa con el estudio de los infinitesimales durante fines del siglo XVII y el XVIII, período comúnmente caracterizado como una síntesis de los procedimientos geométricos con los métodos analíticos y en donde los trabajos de Newton y Leibniz se erigen como una sistematización y un aparato algorítmico de cálculo.

En 1647, Saint Vincent introduce un método que se asemeja al de exhaución, pero con la variante de utilizar rectángulos infinitamente delgados en número infinito, sustituyendo también el polígono de n lados de Arquímedes por un polígono inscrito con un número infinito de lados. De esta manera, utiliza los infinitésimos realizando completamente la exhaución de la figura, en lugar de la aproximación realizada por los griegos (Collette; 1993). Su procedimiento equivale a definir la curva como el límite aproximado por el polígono cuando se duplica infinitamente el número de lados.

Barrow desarrolló procedimientos vinculados al infinito, pero publicó sus escritos recién en 1670. Inicia sus desarrollos a partir de los conceptos de tiempo y movimiento y de sus representaciones geométricas análogamente a los trabajos de Oresme y Galileo. Interpreta las curvas como rastros de un punto móvil, que puede ser también concebida como la huella de un movimiento que fluye continuamente. Recurre a los conceptos medievales de tiempo y movimiento y mediante ellos logra la relación inversa entre los procedimientos de tangentes y cuadraturas (desde el conocimiento de la tangente a una curva, es posible pasar a la cuadratura, y recíprocamente).

Isaac Newton y Gottfried Leibniz trabajaron independientemente uno de otro y fueron quienes culminaron el proceso que llevó al cálculo con infinitesimales. Entre los años 1664 y 1665, Newton desarrolló su propio método para el cálculo de tangentes basándose en los infinitesimales, llegando a un algoritmo para derivar funciones algebraicas. Con los algoritmos sobre derivadas en su poder y a partir de investigaciones sobre cuadraturas, dedujo que el cálculo de estas y el de tangentes son procesos inversos. Es lo que hoy conocemos como teorema fundamental del cálculo. En 1684, Leibniz publica detalles de su cálculo diferencial y, en 1686, publica un trabajo sobre el cálculo integral en el que aparece impreso por primera vez el símbolo de integrales $\int$.

Léonard Euler (1707-1783), en plena difusión de los trabajos de Newton y Leibniz, rechazó los argumentos geométricos como medios para establecer la ciencia de los infinitésimos y fundó el tema sobre una teoría formal de las funciones que no requiere concepciones geométricas (Collette; 1993). Fue el primer matemático en focalizar en el concepto de función; realizó un estudio sistemático de todas las funciones elementales y de sus derivadas e integrales.

Cauchy (1798-1857), bajo la perspectiva de Euler, desarrolló una exposición rigurosa del cálculo de integrales concibiéndola como el límite de una cierta suma. El concepto de límite, que venía desarrollándose paulatinamente desde el método de recubrimiento de los griegos hasta las formulaciones de Newton en sus *Principia*, se convierte con los trabajos de Cauchy en un concepto aritmético sin apoyatura geométrica.

Riemann (1826-1866), posteriormente reformuló la noción de integral definida establecida por Cauchy. Determinó las restricciones necesarias para que pudieran existir las integrales de funciones generales, ampliando de esta manera el concepto de integral que engloba a las funciones f(x) definidas y acotadas en un intervalo cerrado. Esta suele ser la definición habitual de integral definida en términos de sumas inferiores y superiores, conociéndose como integral de Riemann. Sin embargo, muchas veces bajo dicho rótulo se utiliza el desarrollo de Darboux, que en 1875 generalizó el desarrollo de Riemman. Este aproxima la integral mediante la suma del área de rectángulos, cuya altura es un punto arbitrario de cada subintervalo (la convergencia de las sumas puede mostrarse desde la parte superior, inferior, derecha o izquierda). En cambio, Darboux trabaja con sumas superiores e inferiores y considera para cada subintervalo una altura correspondiente con el valor mayor o menor de la función, según corresponda. Por lo que, cuando en una integral de Riemann los puntos arbitrarios dan el máximo o mínimo valor de cada subintervalo, esta pasa a ser una suma de Darboux superior o inferior respectivamente. Así es posible establecer la equivalencia de los procedimientos (figura 1).

Figura 1: Suma de Riemann aproximada por izquierda (izquierda) y sumas superior e inferior de Darboux (derecha). Fuente: elaboración propia.

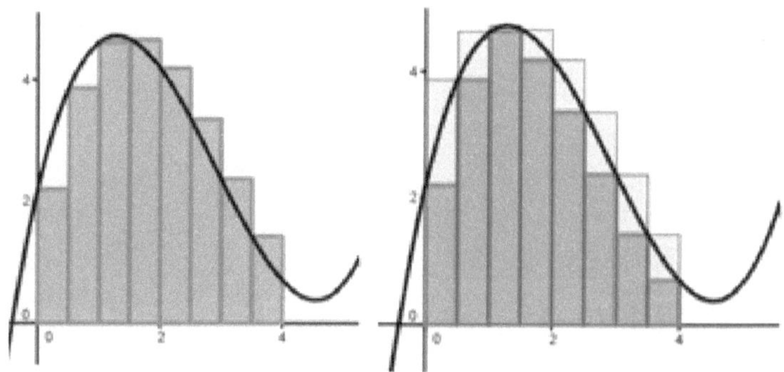

Desde finales del siglo XIX las bases del cálculo y sus principales resultados han permanecido intactos, pero desde ese momento el gran cambio se ha dado en su base conceptual a partir de un cambio de paradigma, que suele denominarse como la época del rigor. Weierstrass (1815-1897) es quien resalta el concepto aritmético de la noción de límite al eliminar el sesgo implícito de tiempo y movimiento que aún permanecían en las definiciones de la época. Será quien defina con precisión el límite de una función, la continuidad y la convergencia de series de funciones, imponiendo el uso de los símbolos épsilon y delta. Sobre esta base, se recontextualiza el cálculo diferencial e integral desarrollado por Newton y Leibniz. Se definirá, de un modo oficial, la derivada como límite de un cociente y a la integral como límite de sumas parciales.

Así, dentro de este entramado histórico-epistemológico, la noción de integral emerge como una red de conceptos y técnicas que puede resumirse en el siguiente esquema (figura 2).

Figura 2: La noción de integral como red conceptual. Fuente: elaboración propia.

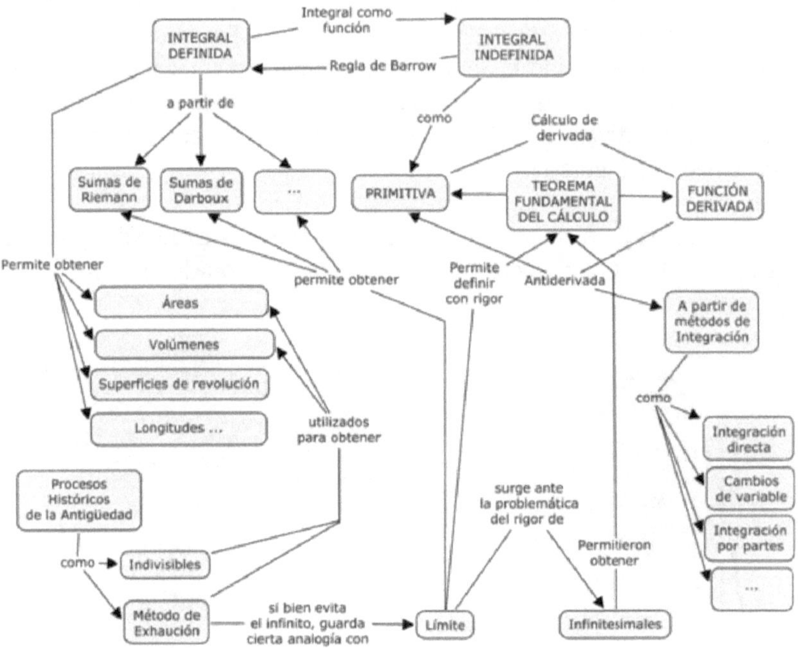

Surge entonces el interrogante acerca de en qué medida y cuáles de los conceptos y procedimientos que nombramos están presentes en GeoGebra y pueden ser mediados por él.

4. Multiplicidad de interacciones

Queremos comenzar este apartado con una frase que resumirá el camino que seguiremos: "un problema matemático, un *software* de geometría dinámica como herramienta de exploración y resolución, multiplicidad de interacciones posibles".

En primer término, aclararemos a qué nos referimos con "interacción". La consideramos como el conjunto de acciones que un resolutor puede realizar con el entorno informático, a la información que el *software* brinda en relación con tales acciones y, a las retroacciones del usuario a partir de tal información (volver sobre sus pasos, buscar nuevos caminos o continuar con su proceso de resolución). Todas estas tareas requieren, por parte de quien resuelve, la interpretación de la información devuelta por el entorno informático y una toma de decisiones sobre la base de lo interpretado. Conformamos un ciclo, que de acuerdo con Laborde (2012), podemos representar con el esquema que presentamos (figura 3).

Figura 3: Ciclo de interacción con *software* de geometría dinámica. Fuente: Laborde, 2012.

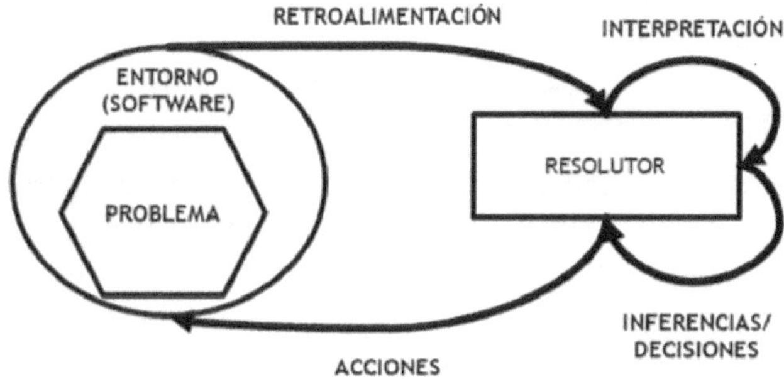

Utilizamos aquí el término resolutor porque supone una mayor amplitud. Puede tratarse de un alumno, pero también de un docente que elabora una resolución o cualquier usuario que se enfrente a un problema matemático. Así, el término excede al ámbito del aula. Incluso si el proceso de resolución se diera dentro de un aula, prescindiremos en los primeros análisis, de las posibles intervenciones del docente que pudieran guiar el proceso. Lo que nos interesa en primer lugar es explicitar las interacciones posibles con el *software* en pos de caracterizarlas. Esta caracterización nos permitirá evidenciar las diferencias conceptuales y epistemológicas que entre ellas pueden existir.

Realizaremos el análisis y la caracterización de las interacciones a partir de la resolución de dos problemas seleccionados. Veamos cómo sustentaremos estos análisis:

a) Los dos problemas están pensados para ser trabajados con alumnos de los últimos años de la escuela secundaria, o bien con alumnos de los primeros años de la educación superior. Se caracterizan por proponer un trabajo del concepto de integral de forma independiente a la definición formal de límite y al trabajo con derivadas. Si bien se podría trabajar previamente con estos conceptos de cálculo, esta decisión de independencia se fundamenta en:

- Reproducir en cierta medida el proceso histórico de la conceptualización de las integrales. Puesto que el cálculo de áreas precedió al cálculo de tangentes y a la relación entre ambos, sustentándose durante mucho tiempo en métodos geométricos sin la formalidad de la noción de límite.
- Revalorizar los métodos numéricos y geométricos para el tratamiento de las integrales, en contraposición al formalismo y los procesos deductivos propios de ese campo de conocimiento.
- Identificar la integral definida como un número que podrá o no corresponderse con el valor de un área, de acuerdo con el contexto y valores numéricos del problema a resolver.
- Evitar que la conceptualización de la integral sea únicamente como operación inversa de la derivación.

b) Los problemas presentados para el análisis de las interacciones suponen un resolutor que previamente haya trabajado con situaciones donde se pusieron en juego las siguientes cuestiones:

- En cuanto a los conceptos y los procedimientos matemáticos, un análisis de situaciones funcionales desde la perspectiva de la variación; identificación de ciertas magnitudes que pueden ser representadas por áreas.
- En cuanto al uso de GeoGebra, la construcción de diversos polígonos para la aproximación y cálculo de áreas; gráficos de funciones ingresando sus expresiones mediante la Barra de Entrada; resolución de situaciones aplicando los distintos registros que ofrece el *software* y la relación entre ellos; construcciones de "puntos dinámicos" para analizar variaciones; uso de deslizadores. En este sentido diferenciamos las posibilidades que brinda el *software* en *herramientas* (acciones que se ejecutan mediante la selección de un botón/ícono de la barra de herramientas), *comandos* (textos o símbolos propios de la sintaxis del *software* introducidos mediante la Barra de Entrada o la Vista CAS) y *modelizaciones* (combinación de varias herramientas y/o comandos en función de representar algún fenómeno dinámico).

Realizadas estas aclaraciones, avancemos con el primero de los problemas.

4.1. Un problema clásico

Analizaremos las interacciones posibles en este problema clásico de cálculo de área, si bien los valores numéricos elegidos en él nos permitirán abrir el juego a una gran variedad de situaciones.

Problema: calcular el área delimitada por la función $f(x) = -x^2 -2x + 8$ y el eje de abscisas en el intervalo [0; 3].

Una primera aproximación al enunciado evidencia que se trata de una tarea unívoca: "calcular un área". No obstante, suponemos *a priori* el desconocimiento por parte del resolutor de ciertos conceptos y técnicas que permitirían convertir esta tarea en problemática y no un clásico ejercicio de aplicación, de resolución inmediata.

Además, se pide el cálculo de un área delimitada por una función, con la particularidad de que en parte del intervalo indicado la curva que la representa está situada debajo del eje de abscisas. Esta cuestión nos permite analizar similitudes y diferencias entre la noción de integral definida y la de área.

Consideramos como primer paso de resolución a la introducción de la fórmula de la función mediante la Barra de Entrada.[3] La continuidad del trabajo y del análisis las realizaremos sobre la base de interacciones ente el resolutor con las diferentes herramientas y comandos que puede utilizar para resolver el problema.

4.1.1. Utilización de la herramienta polígono

Consideramos utilizar esta herramienta para construir uno (o más) polígonos cuyos vértices se posicionan sobre la función y sobre las rectas que delimitan el área a calcular. El valor del área del polígono puede identificarse en la Vista Algebraica o mostrarse en la Vista Gráfica mediante la herramienta Área (figura 4).

---

3   A partir de la versión 6 de GeoGebra, es posible también ingresar las expresiones desde la Vista Algebraica. Aclaramos que todas las interacciones aquí presentadas son posibles con la versión 5.

Figura 4: Construcción de polígonos. Fuente: elaboración propia.

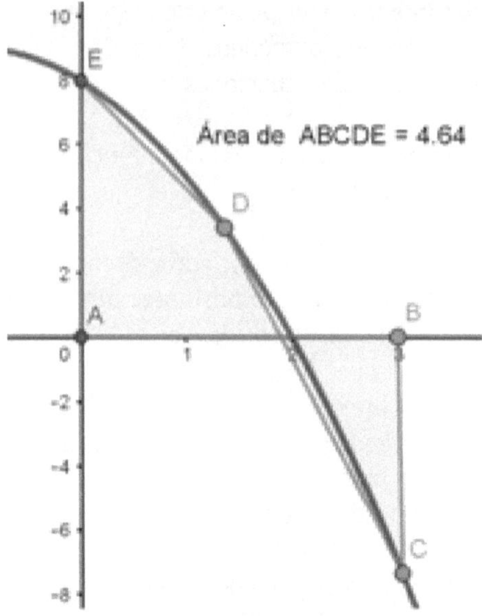

Si bien se trata de un procedimiento empírico, que no cuestiona la validez de los resultados obtenidos, posee una cierta analogía con el método de exhaución desarrollado por los griegos. Al igual que dicho método y como mencionamos anteriormente, este procedimiento no "agota" la figura; se trata de una aproximación que llega al punto en que cierta figura es menor que una figura dada.

¿Cómo se forman los polígonos en nuestra figura (figura 4)? ¿cómo interpretamos la información que nos da el *software*? La construcción los polígonos será posible mediante el uso de la herramienta Polígono, haciendo sucesivamente clic en pantalla en las distintas posiciones donde deseen establecerse los vértices. En cuanto a su interpretación, podría darse el caso de resolutores que, una vez construido el/los polígonos, interpretaran el valor numérico obtenido como el área exacta buscada, sin plantear la problemática de la aproximación. Por el contrario, reconocer que se trata de una aproximación, nos permitiría que realizar acciones que posibiliten mejorarla. Una opción será la construcción de polígonos de mayor cantidad de vértices. Otra, manipular dinámicamente los vértices de los polígonos ya construidos en relación con un mejor ajuste de los lados del mismo a la gráfica de la función bajo la cual se desea calcular el área (figura 5).

Figura 5: Cubrimiento del área bajo la curva. Fuente: elaboración propia.

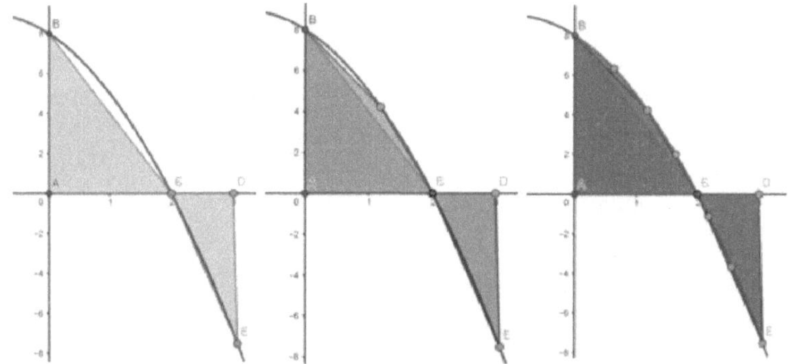

4.1.2. Uso de comandos que implican la suma de polígonos

Estos comandos se relacionan con sumatorias de áreas de polígonos y su correspondiente representación gráfica. Matemáticamente se trata de un proceder similar al de la interacción anterior, aunque allí se construía un único polígono (o varios con la correspondiente suma manual de las áreas). Aquí en cambio se trata de una sumatoria que estará configurada a partir de los parámetros que se utilicen en el comando elegido. Analicemos las distintas opciones que pueden ingresarse desde la Barra de Entrada (tablas 1 a 5).

Tabla 1: Comando Suma Inferior. Fuente: elaboración propia.

Comando	*Acción en pantalla del software*
SumaInferior [<Función>, <Valor de x Inicial>, <Valor de x Final>, <Número de Rectángulos>]	Aproxima la integral definida en el intervalo propuesto, utilizando rectángulos, siendo la altura de cada rectángulo la mínima ordenada de la función en cada subintervalo. Los valores de la ordenada correspondiente no son considerados como valores absolutos, sino que se respeta su signo. El valor de la aproximación se muestra en la Vista Algebraica y en pantalla, graficando también los rectángulos. El procedimiento está asociado a la integral de Darboux.

En cuanto a la sintaxis específica del comando, los valores, inicial y final de x, corresponden a las cotas del intervalo que se desea analizar, por lo que deben ser valores numéricos reales. El número de rectángulos debe ser un número natural, si bien el comando también admite un número de rectángulos infinito (*inf*) y permite obtener la integral definida en ese intervalo, cuestión sobre la que volveremos a continuación.

Estas consideraciones acerca de la sintaxis son válidas también para los dos comandos siguientes: Suma Superior y Suma Izquierda.

Tabla 2: Comando Suma Superior. Fuente: elaboración propia.

Comando	*Acción en pantalla del software*
SumaSuperior [<Función>, <Valor de x Inicial>, <Valor de x Final>, <Número de Rectángulos>]	Análogo al desarrollo anterior, pero considerando la altura de cada rectángulo a la máxima ordenada del subintervalo considerado. Conjuntamente al caso anterior, este comando está asociado a la integral de Darboux. a = 7.84

El comando que continúa posibilita aproximar la integral definida a partir del procedimiento histórico desarrollado por Riemann. Este comando se puede complementar con los dos siguientes: Suma Rectángulos y Suma Trapezoidal.

Tabla 3: Suma Izquierda. Fuente: elaboración propia.

Comando	Acción en pantalla del software
SumaIzquierda [<Función>, <Valor x Inicial>, <Valor x Final>, <Número de Rectángulos>]	Análogo a los casos anteriores, pero se considera la altura de cada rectángulo a la ordenada correspondiente a la cota inferior de cada subintervalo. Conjuntamente con la suma derecha (posibilitada por el comando SumaRectángulos) permite aproximar la integral definida en términos de la integral de Riemann.

Tabla 4: Comando Suma Rectángulos. Fuente: elaboración propia.

Comando	Acción en pantalla del software
SumaRectángulos [<Función>, <Valor de x-Inicial>, <Valor de x-Final>, <Número de Rectángulos>, <Posición del rectángulo inicial>]	La devolución de la información del software es análoga a los casos anteriores en cuánto a gráfico y valor numérico. En función de la posición del rectángulo original (valores entre 0 y 1) permite calcular la suma izquierda (para 0), la suma derecha (para 1) y posiciones intermedias, posibilitando la aproximación a la integral definida en términos de Riemann.

En cuanto a la sintaxis de este comando, el ingreso de las cotas y la cantidad de rectángulos es idéntica a los casos anteriores. La novedad es la inclusión de un nuevo parámetro: la posición del rectángulo inicial. Se admiten en este caso valores entre 0 y 1, representando estos la fracción de cada subintervalo donde se considera la altura de cada rectángulo, en relación con la integral de Riemann.

El comando Suma Trapezoidal donde, desde el punto de vista de la sintaxis, el ingreso de las cotas y la cantidad de trapezoides es análogo a su ingreso en los comandos anteriores.

Tabla 5: Comando Suma Trapezoidal. Fuente: elaboración propia.

Comando	Acción en pantalla del software
SumaTrapezoidal [<Función>, <Valor de x Inicial>, <Valor de x Final>, <Número de Trapezoides>]	Calcula y muestra en la Vista algebraica el valor de la Suma Trapezoidal en el intervalo indicado, graficando los trapezoides correspondientes en la vista gráfica. La aproximación obtenida con la suma trapezoidal corresponde al promedio de las sumas izquierda y derecha de Riemann. a = 5.97

Estos comandos analizados reproducen procedimientos históricos propios de los comienzos de la etapa del rigor. Se trata de procedimientos que con GeoGebra es posible dinamizar al modificar en tiempo real el número de polígonos (rectángulos y trapezoides). Esta posibilidad también es factible mediante la herramienta Deslizador, que construye valores numéricos variables (enteros, racionales o medidas de amplitud) a partir de la interacción gráfica de los mismos. Con esta herramienta, podemos escribir "n" cuando el comando pide una cantidad de polígonos, siendo n el nombre del deslizador (figura 6).

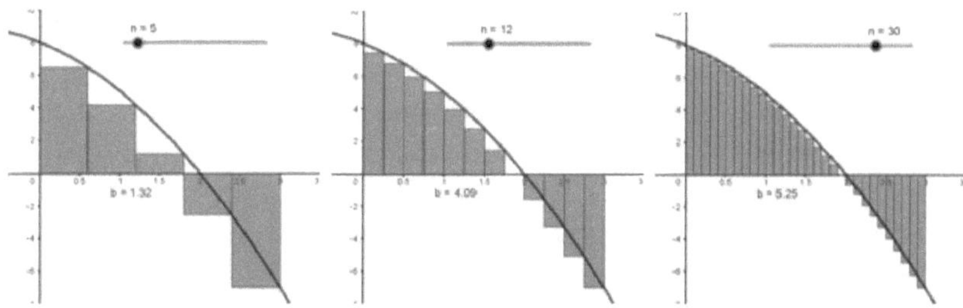

El uso de deslizadores en estos comandos permite también modificar en tiempo real otros parámetros de los comandos, como por ejemplo las cotas de integración. Esta opción excede al problema que estamos analizando, puesto que en él las cotas son fijas.

A partir de las características de estos comandos con el uso de deslizadores podemos realizar algunas reflexiones epistemológicas:

- El rango de variación de los deslizadores debe prefijarse. Por ejemplo, entre 1 y 50 para la cantidad de polígonos. Si bien el rango elegido puede ser muy amplio, las variaciones no pueden establecer procesos infinitos. Así, si bien puede analizarse una tendencia, el paso al límite no es directo. Estamos en presencia de un modo de trabajo similar a los desarrollos griegos, donde las aproximaciones se realizaban con la precisión que se deseara, pero se evitaba el paso a procesos infinitos.

- Los comandos analizados aceptan la inserción del símbolo del infinito como parámetro, como comentamos. Por ejemplo, para el caso de SumaInferior[f, a, b, ∞] se obtiene la integral definida de f en el intervalo [a; b] a partir de la suma de las áreas de infinitos rectángulos. No obstante, la presencia del infinito en este caso requiere una salvedad: no surge a partir de una tendencia (de una cantidad de rectángulos infinitamente grande o de las bases de los rectángulos infinitamente pequeñas), sino que el *software* permite su inclusión como si de un número se tratara. Esto puede suponer la aparición de ciertas tensiones en cuanto a la conceptualización del símbolo y lo que representa.

Finalmente, sobre la base de todo lo analizado en estas interacciones, podríamos sintetizar que la información obtenida en la pantalla podrá aceptarse:

- el valor exacto o una aproximación del área pedida, si trabajamos con un número de polígonos fijos,
- una aproximación del área, si la cantidad de polígonos variables a partir del uso de un deslizador, puesto que esa idea está implícita.

Ahora bien, para ambas opciones podemos aceptar al valor informado por el *software* como el área buscada (aproximada o exacta). No obstante, y como mencionamos anteriormente, los valores de las ordenadas que representan las alturas de los polígonos no consideran su valor absoluto, sino que respetan su signo. Por lo tanto, el valor aproximado será el de la integral definida y no el del área buscada. Podría obtenerse el área buscada o su aproximación mediante el uso de alguno de estos comandos a partir de una subdivisión del intervalo de integración (entre 0 y 2, y entre 2 y 3), sumando luego los valores absolutos de las aproximaciones obtenidas.

4.1.3. Comandos relativos al cálculo integral

Es el caso del comando Integral[<función>, <valor inicial de x >, <valor final de x >], el cual permite obtener una representación gráfica y un valor numérico determinado (figura 7). Este comando podemos ingresarlo desde la Barra de Entrada como desde la Vista CAS.

Figura 7: Comando para obtener la integral definida. Fuente: elaboración propia.

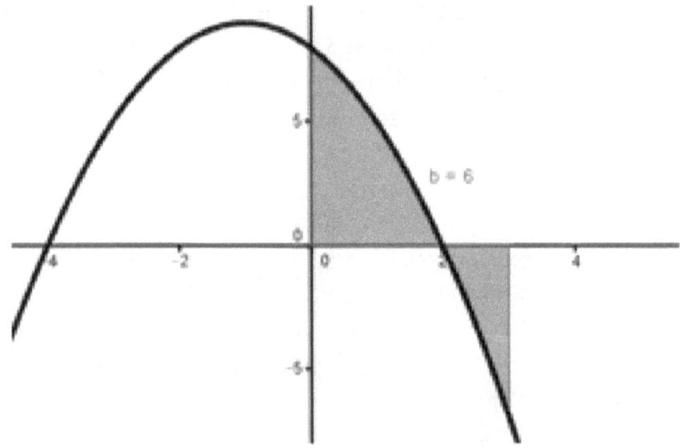

Cabe destacar que, al igual que los comandos de la interacción anterior, este comando nos permite obtener la integral definida para el intervalo analizado. Integral que en el caso de nuestro problema no se corresponde con el área buscada. La cual sí podría obtenerse de manera análoga a lo indicado en el apartado anterior (subdivisión de intervalos).

Además, mostrar solo el resultado de la integración, sin evidenciar algún aspecto del proceso seguido como método de integración, posibilita una nueva reflexión sobre el *software*. Para este caso, GeoGebra opera en el marco de la metáfora de caja negra, porque nosotros, como usuarios, realizamos transformaciones en los objetos de trabajo sin preocuparnos por las maneras en que se realizan dichas transformaciones. Entonces, nos cuestionamos si aceptamos ese valor directamente o lo hacemos críticamente y analizamos el valor recurriendo a propiedades externas al *software*.

También este tipo de comandos con tantas componentes tiene otro aspecto a considerar, su sintaxis. Si bien el entorno GeoGebra posibilita realizar construcciones geométricas sin la mediación de un lenguaje específico de programación, las herramientas de cálculo algebraico que ofrece requieren del conocimiento de ciertos comandos y de la sintaxis de los mismos. En algunos casos, sus estructuras difieren de las utilizadas cotidianamente en el entorno del lápiz y papel. Esto nos puede conducir a errores en las interacciones, que no se limitan únicamente a los momentos de iniciación del manejo del *software* determinado, sino que reaparecen posteriormente incluso cuando ya se dispone de un manejo adecuado del entorno. Una posible interpretación se basa en que el foco de la atención está puesto en la resolución de actividades complejas y no en la estructura de los comandos ingresados.

A modo de ejemplo, analizamos:

- Errores de sintaxis que el *software* devuelve sin realizar ninguna acción. Por ejemplo, si en el comando Integral[<función>, <valor inicial de x >, <valor final de x >]separamos los parámetros con punto y coma en vez de coma.

- Errores de sintaxis donde el *software* interpreta una acción diferente a la buscada. Para ejemplificar este caso consideremos una leve variación del problema. Supongamos que deseamos calcular la integral definida de la función f en el intervalo [0; 3,1] en vez del intervalo [0; 3] que planteaba el problema original. El *software* admite cotas no enteras, pero al igual que en otros aspectos utiliza el punto (.) para separar la parte entera de los décimos del número. Si introducimos Integral (f, 0, 3,1) estaríamos cometiendo el error de introducir 3,1 en vez de 3.1. Pero GeoGebra no indicará que se trata de un error, sino que interpretará que se han introducido cuatro parámetros distintos (f, 0, 3 y 1). Calculará la integral entre dos funciones: f y g(x)=0, en el intervalo [1, 3] ya que los últimos dos parámetros son considerados por el entorno como las cotas del intervalo de integración, ordenándolos automáticamente de menor a mayor. De este modo, por una cuestión de sintaxis, habrá diferencias entre lo buscado y lo obtenido (figura 8).

Figura 8: Integral definida buscada (izquierda) y obtenida (derecha). Fuente: elaboración propia.

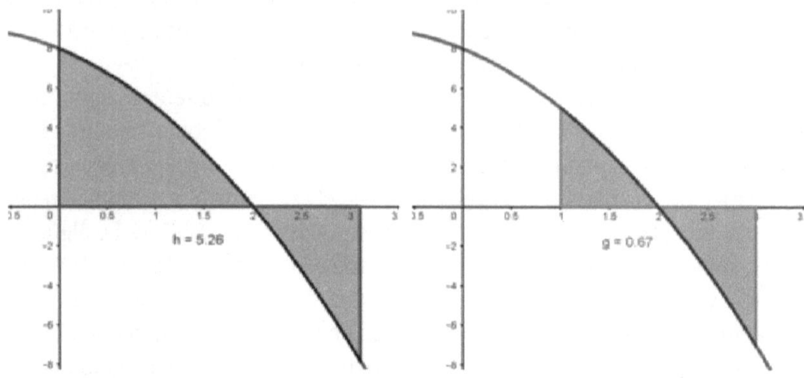

¿Y si no conocemos bien la utilización de algún comando? Si bien no es un error de sintaxis propiamente dicho, el resolutor carece de herramientas para la interpretación de la información. Por ejemplo, podría darse que olvidemos incluir el intervalo de integración y solo ingresamos el comando Integral[<función>]. En este caso, el *software* devuelve la expresión y la gráfica de una primitiva de la función original. Si el resolutor no trabajó previamente con otros comandos, ni con la obtención de funciones primitivas, podría no relacionar lo obtenido con el problema a resolver.

¿Qué alternativas tenemos si realizamos un error de sintaxis respecto de estos comandos?

a) Identificar la posibilidad de haber cometido un error, intentando subsanarlo o buscando otro camino de resolución, que puede llevarlo a una de las interacciones anteriores.
b) Reconocer la posibilidad de un error sin poder subsanarlo ni continuar con el proceso de resolución.
c) Aceptar acríticamente los resultados devueltos por el *software* como la solución de la actividad, porque no consideramos haber cometido un error.

4.1.4. Inspeccionando la función

Podemos interactuar con el problema mediante la herramienta Inspecciona Función, que se encuentra agrupada con las herramientas de medida. Por eso, es posible que sea desconocida *a priori* por el resolutor, aunque hay cierta analogía entre el trabajo a realizar y la imagen su ícono. Es una herramienta dinámica que modifica en tiempo real el intervalo de análisis de una función, mientras que la pantalla muestra diversos valores relativos a ella.

El uso de esta herramienta, en nuestro problema, pone en primer plano el que para el intervalo analizado, el *software* devuelve valores distintos para la Integral y para el Área buscada (figura 9). Ante esa diferencia de valores, podemos aceptar el resultado sin cuestionarse sobre estos dos valores, o bien discutir esta diferencia que lo llevaría a la interacción siguiente.

Figura 9: Herramienta Inspecciona Función. Fuente: elaboración propia.

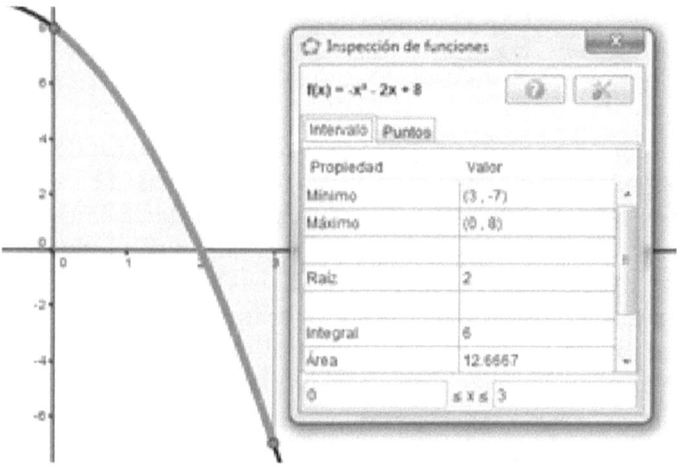

4.1.5. La herramienta Área y la noción de área

Esta interacción supone un resolutor que recurre a la noción de área en cuanto a la necesidad de considerar el valor absoluto de los valores numéricos devueltos por el *software*. La utilización de esta herramienta puede ser fruto de conjeturas realizadas a partir de las interacciones anteriores, o bien desarrollarse desde el primer contacto con el problema. Por ejemplo, si identificamos a la raíz de la función como un punto crítico que requiere de un análisis pormenorizado, que nos conduce a las siguientes opciones, sin ser ellas excluyentes una de otra:

- Calcular de forma dividida la integral buscada, ya sea con el comando integral o con comandos que suponen aproximaciones geométricas. Esta división se corresponde con los intervalos [0;2] y [2;3], identificando que el *software* devuelve un valor positivo en el primer caso y un valor negativo en el segundo. Esto nos permite establecer que, a diferencia del área, la integral puede ser negativa, por lo que el área será la suma de los valores absolutos de ambos intervalos.

- Utilizar el dinamismo del *software* para analizar los valores que toma la integral en distintos intervalos, mediante la herramienta Inspecciona Función o el uso de deslizadores para variar los intervalos de integración. Por ejemplo, si particularizamos las cotas en un intervalo donde la gráfica de la función se ubica íntegramente por debajo del eje de abscisas, obtendremos información para diferenciar numéricamente el valor de la integral y el valor del área buscada.
- Recurrir al trabajo con lápiz y papel para buscar analíticamente un resultado que pueda ser contrastado con el obtenido por medio del *software*.

4.1.6. Consideraciones finales sobre las interacciones analizadas en el problema clásico

En los análisis realizados hemos expuesto una gran cantidad y variedad de interacciones –tanto correctas como incorrectas– que, en mayor o menor medida, se relacionan con el grado de dominio tanto de los conceptos matemáticos puestos en juego, como del uso de la propia herramienta tecnológica. Estas opciones no se agotan en las posibilidades aquí presentadas. Podríamos reflexionar si lo que hemos presentado, con una multiplicidad y variedad de interacciones, también sería posible en el entorno de papel y lápiz. No ponemos en duda esta idea, invitándolos a pensar cuáles de los procedimientos hasta aquí presentados, serían posibles (o tendrían su análogo) mediante el uso de lápiz y papel.

Además, en este problema fue necesario disponer de variadas representaciones de los conceptos que incluyan varios aspectos (gráfico, numérico, algebraico…) relacionados entre sí, permitiendo recurrir a cada una de estas representaciones de acuerdo con el contexto de la situación. Un *software* dinámico, como GeoGebra, posibilita interconectar estas representaciones que pueden variar en tiempo real. No obstante, la mera existencia de las mismas no implica una flexibilidad de quien utiliza estas herramientas. Manejar un concepto supone tener el control sobre las representaciones que se desea convocar de dicho concepto. Es el dominio del concepto y la conexión entre las distintas representaciones lo que permitirá la flexibilidad entre ellas y no su mera existencia.

Creemos que, a partir de las interacciones analizadas, la diferencia entre el área buscada y la integral definida –objetivo principal de este problema–, puede verse favorecida a partir de las características de visualización que ofrece el *software*. Nos referimos a la visualización en cuanto a la capacidad, proceso y producto de creación, interpretación y reflexión representaciones gráficas en nuestra mente, en papel o con la herramienta tecnológica (Arcavi, 2003). Proceso que no es un fin en sí mismo, sino un medio para la comprensión de un concepto o problema.

Las visualizaciones que se proponen en el tratamiento de las integrales se basan mayoritariamente en relacionar la noción de integral con la de área. Este proceso tiene sus bases en el propio desarrollo histórico del concepto de integral, pero no está exento de ciertos reparos. La relación se enmarca en el ámbito de las metáforas, en cuanto a que en el binomio área-integral solo se conservan ciertas propiedades, mientras que otras que no se cumplen pueden dar lugar a confusiones. El caso más significativo de esto último es la metáfora del "área negativa", cuestión que en el problema analizado intentamos poner de relieve mediante las interacciones con las herramientas y comandos. Es decir que:

- Las características de un *software* dinámico pueden potenciar los procesos de visualización en la resolución de problemas a partir de la interconexión de representaciones de un mismo objeto, pero el proceso de visualización requiere de ciertas habilidades que no son intrínsecas al *software*.
- Las visualizaciones propuestas para el estudio del concepto de integral pueden favorecer la conceptualización de dicha noción, pero requieren de un control didáctico efectivo para evitar posibles obstáculos a futuro.

4.2. Un problema en contexto extra matemático

Sobre la base de los análisis realizados, ¿qué interacciones serán posibles en este problema?

Problema: Se quiere pintar la superficie de un muro de 10 metros de base cuya parte superior es irregular. Analizando una imagen del muro a escala, se llega a la conclusión de que la función $f(x) = 0{,}0008x^4 - 0{,}009x^3 + 0{,}0243x^2 + 0{,}2404x + 1{,}2996$ modeliza la curva descripta por la parte superior del muro tal como se muestra en la figura (figura 10).

Figura 10: Muro a pintar. Fuente: elaboración propia.

Para decidir el diseño a realizar y la cantidad de pintura a comprar, se desea saber ¿cómo varía la superficie a pintar en función de la cantidad de metros lineales de la base del muro?

En el enunciado del problema partimos del supuesto de que la imagen ya se ha introducido en el *software* al ubicarla convenientemente en los ejes cartesianos, y se ha obtenido el modelo que representa la curva superior descripta por el muro. Esto puede deberse a que las interacciones a realizar no son específicas del tratamiento con integrales, pero consideramos que el conocimiento de ellas podría ser útil en la resolución de otro problema y por eso desarrollaremos brevemente cómo realizarlas:

a) La introducción de imágenes en GeoGebra es posible mediante la herramienta Imagen. Una vez introducida, es posible manipularla en tamaño y posición. En este caso, siendo que el largo del muro es de 10 metros, se ha elegido ubicarla de tal manera que el muro quede representado en el intervalo [0; 10], dejando la altura proporcional a esa distancia de tal manera de respetar las dimensiones del muro. Una vez ingresada y ubicada es posible en este entorno realizar construcciones y operar sobre ella como si de una imagen de fondo se tratase.

b) El modelo que describe la curva superior del muro puede obtenerse a partir del ajuste polinómico de puntos que pertenezcan a la curva. Es posible realizar esta tarea mediante:

   - La construcción de puntos ubicados sobre la curva que se quiere ajustar.
   - La creación de una lista de puntos, lo cual es posible seleccionando los puntos que se quieren incluir en la lista (los que están ubicados sobre la curva en nuestro caso), utilizando posteriormente la herramienta Lista.

-   El uso del comando AjustePolinómico[<lista de puntos>,<grado del polinomio>], donde la lista de puntos es la creada a partir de los puntos ubicados sobre la curva, y el grado del polinomio será elegido de acuerdo al tipo de ajuste que se quiera realizar. Incluso pueden probarse ajustes con distintos grados para evidenciar que curva se aproxima mejor.

Insertada la imagen y el modelo representado gráfica y analíticamente, nos abocaremos al desarrollo de las interacciones específicas respecto de las integrales.

4.2.1. Uso de representaciones geométricas estáticas

Al tratarse de un área ubicada íntegramente sobre el eje de las abscisas, podemos aproximarla o calcularla mediante distintos comandos referidos a la integral de la función en el intervalo [0; 10]. Recurriremos a diversos comandos (sumas inferiores, superiores, trapezoidales, integral) para obtener tanto la representación gráfica como los valores numéricos asociados.

En este sentido, calcularíamos o aproximaríamos el área total. No obstante, el propio enunciado lleva implícita la noción de variación, fenómeno que analizaremos. Caracterizamos entonces esta interacción, a partir de las aproximaciones o cálculos sucesivos con relación al valor del área, de acuerdo con la longitud de la base considerada y empleando alguno de los comandos antes mencionados.

Es posible obtener una tabla de valores (elaborada de forma externa al *software* o escrita "manualmente" en la hoja de cálculo que brinda GeoGebra), sin establecer una relación dinámica entre los registros por medio de las herramientas del *software*.

En el caso de que se utilicen comandos de aproximación tales como SumaInferior (figura 11) o SumaTrapezoidal, podrá mantener constante la cantidad de polígonos, sea cual fuese la longitud considerada para la base. Esto hará disminuir el grado de aproximación a medida que se consideren longitudes mayores. Contrariamente, podría modificarse la cantidad de polígonos de acuerdo con la longitud de la base considerada, manteniendo el nivel de aproximación elegido a lo largo de todas las construcciones.

Si se utiliza el comando Integral[<función>, <valor inicial de x >, <valor final de x >], la problemática de la cantidad de polígonos no se hace presente.

Figura 11: Comando Suma Inferior. Fuente: elaboración propia.

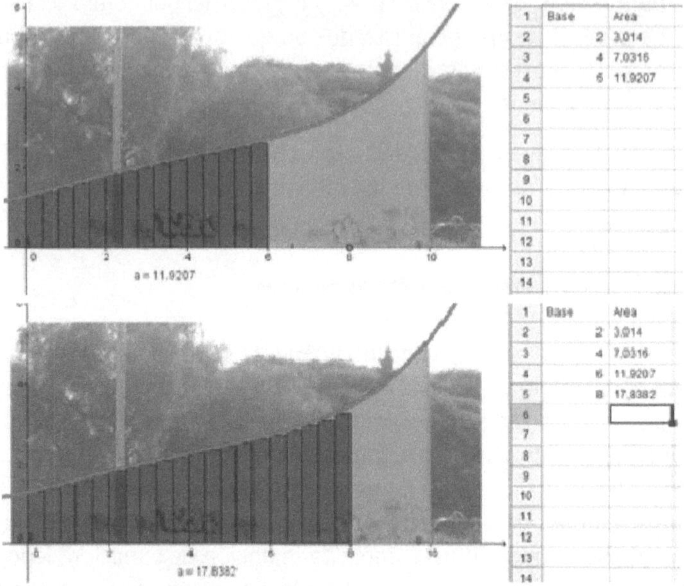

4.2.2. Uso de representaciones geométricas dinámicas

En estas interacciones recurriremos a representaciones gráficas sucesivas de forma similar a las descriptas en la interacción anterior, pero utilizando las herramientas dinámicas que ofrece el *software*. Supone realizar una única construcción y modificarla en tiempo real. Estas posibilidades dinámicas pueden estar dadas por la variación del intervalo de integración, que en términos del problema es la longitud de la base del muro a considerar.

La modificación en tiempo real del intervalo la lograríamos a partir de referenciar el parámetro "valor final de x" que se indica en estos comandos, con un valor variable (deslizador o con la abscisa de un punto definido sobre la base del muro que puede arrastrarse libremente sobre ella). Así, el área construida mediante comandos como SumaSuperior, SumaTrapezoidal, o Integral, entre otros, variará a través del elemento dinámico construido. De utilizar comandos que impliquen la sumatoria del área de polígonos (SumaInferior, SumaTrapezoidal…), existirá la problemática de perder precisión en la aproximación, a medida que la longitud de la base considerada aumente. Por ejemplo, no se tendrá la misma precisión al aproximar el área bajo la curva en el intervalo [0;10] utilizando solo 3 polígonos, en comparación con la utilización de 3 polígonos, pero en el intervalo [0;1]. Esto podría subsanarse introduciendo en el parámetro "cantidad de rectángulos" (o similar) alguna expresión algebraica que hiciera depender la cantidad de polígonos de la longitud de la base considerada y, manteniendo cierta proporción entre ellos.

¿Podremos registrar estas variaciones a partir de las herramientas dinámicas? De un modo manual, en forma externa al *software*, o bien mediante la opción del menú contextual Registra en hoja de cálculo (opción solo disponible cuando la Hoja de Cálculo ha sido activada previamente desde el menú Vista)

Las interacciones de este apartado podemos considerarlas como un cierre del análisis de la variación que estudiamos, o pueden convertirse en una fuente de exploración para otras tareas, tales como las siguientes.

4.2.3. Construcción de un punto dinámico que represente la variación estudiada

En esta interacción nos centraremos en la construcción de un punto dinámico como elemento generador de la variación analizada. ¿A qué nos referimos con la noción de punto dinámico?, ¿cómo es posible construirlo?

Denominamos punto dinámico (Ferragina y Lupinacci, 2015; 2017) a todo punto que, construido por nosotros o por el mismo software a partir del uso de ciertas herramientas. Es un objeto dependiente desde la perspectiva del *software*. Al variar las magnitudes de las que el punto dinámico depende, el propio punto modificará su posición. Se evidencia así una relación –que puede ser funcional– a partir de la variación de magnitudes, habiendo establecido previamente una dependencia entre ellas. Esta variación puede representarse gráficamente a partir del uso de dos herramientas del software: Activa Rastro (que se activa desde el menú contextual del punto o desde sus propiedades y permite obtener una sucesión de puntos determinados por la trayectoria) y Lugar Geométrico (que obtiene una curva de trazo continuo).

Para nuestro problema, un punto dinámico es el que construimos con las siguientes coordenadas: la longitud de la base considerada y el área a pintar de acuerdo a dicha longitud. En términos matemáticos, el intervalo de integración y la integral definida de la función en ese intervalo. ¿Qué representará ese punto dinámico? Una primitiva de la función en ese intervalo, que supone la obtención de la integral indefinida como una función.

Detallaremos los pasos de construcción de ese punto dinámico y qué visualizamos. Aclaramos que los nombres asignados pueden variar de acuerdo al orden de la construcción o a los objetos que ya se hayan construido previamente:

- Construimos dos puntos, A de coordenadas (0; 0) que supone el inicio de la base del muro; y B que pueda desplazarse sobre la base del muro.
- Calculamos la integral definida entre A y B, con el comando Integral[f, x(A), x(B)]. La sintaxis x(A) y x(B) hacen referencia a las abscisas de los puntos A y B. Esta acción dará como resultado el valor numérico de la integral definida, el cual por defecto el *software* le dará el nombre de a (si es que no hay otro objeto con ese nombre ya construido).
- Ingresamos en la Barra de Entrada las coordenadas de ese punto dinámico (x(B), a), que representará la variación de la integral definida en función de la longitud de la base (abscisa del punto B).
- Arrastramos el punto B a lo largo del eje de abscisas (base del muro), el punto dinámico describirá una curva que se corresponde con una primitiva de la función original (en este caso de constante cero). Visualizamos esa curva mediante el Rastro del punto o ingresando la fórmula de la primitiva para contrastar la trayectoria del punto con esa gráfica.

Figura 12: Integral indefinida como una función. Fuente: elaboración propia.

Para nuestro caso particular, la construcción del punto dinámico se relaciona con un procedimiento de modelización que rescata la propuesta histórica realizada por Henri Poincaré (1904)[4] para la enseñanza del concepto de integral: "(…) definir la integral como el área comprendida entre el eje de las x, dos Ordenadas[5] y la curva, y mostrar qué, cuando una de las ordenadas se desplaza, la derivada de esta área es precisamente la ordenada en sí. Este fue el razonamiento de Newton, fue así como surgió el cálculo integral".

---

4 Citado en Artigue (1995: 101).

5 Cuando Poincaré menciona las Ordenadas, hace referencia a rectas paralelas al eje de ordenadas.

Si realizamos correctamente la construcción de ese punto dinámico, ¿podemos considerar esa representación gráfica de la función primitiva como la solución al problema? Si no integramos otros registros, ni realizamos análisis alguno de la variación obtenida, podemos tener distintos niveles de certeza sobre lo obtenido, en función de nuestras exploraciones previas. Limitar nuestro análisis a la validez de la evidencia gráfica y centrar el estudio de la variación únicamente en la porción correspondiente a la base del muro, puede conducirnos a conclusiones erróneas. En la figura (figura 12), la función primitiva en el intervalo considerado pareciera ser lineal, cuestión que intencionalmente torna la evidencia gráfica como insuficiente para la resolución de este problema. Este obstáculo relativo a la identificación localmente lineal podría superarse a partir de un análisis global de la función obtenida o relacionarlo con otros marcos de representación.

Procedimientos similares al que detallamos, los realizaríamos aproximando la integral con comandos SumaInferior, SumaSuperior, etcétera. Como ya comentamos, en estos casos se requerirá definir el parámetro correspondiente a la cantidad de rectángulos de tal manera que la cantidad de ellos sea proporcional al intervalo considerado. Si la cantidad es fija, al aumentar el intervalo de integración, la precisión de la aproximación de la integral será cada vez menor.

Así, mediante la combinación de pocos comandos modelizamos la noción de integral indefinida como función. No obstante, creemos que sería necesario puntualizar algunas cuestiones:

- La construcción de la integral como función no es trivial. Calvo Pesce (2001) advierte sobre dificultades en esta tarea, incluso en alumnos que han asimilado correctamente el proceso de estimar el área bajo una curva mediante áreas de rectángulos. La dificultad reside en la necesidad de considerar la totalidad del proceso de la aproximación del área en un único objeto representado: resulta imprescindible para la construcción de un nuevo proceso dinámico (la construcción de la función primitiva) la objetivación de su base, la cual antes fue también un proceso (la obtención del área). No obstante, el dinamismo que ofrece el *software* y la posibilidad de visualizar diversos registros simultáneamente puede ser un sustento para superar esta dificultad; principalmente en cuanto a la asignación numérica del área y a su variación en tiempo real.

- La elección de que una de las ordenadas coincida con el valor cero, no es neutra. Posibilita que el rastro dejado por el punto dinámico coincida con la función que puede obtenerse mediante el comando Integral, que grafica la primitiva de constante cero. Esta cuestión es de atender para evitar generalizaciones erróneas. En la próxima interacción analizaremos distintas variantes donde ninguna ordenada coincide con el valor cero.

- La construcción del punto dinámico para representar una variación puede resultarnos no necesariamente evidente. La técnica de construcción no se identifica como compleja, sí puede serlo la identificación de las variables que componen el punto y la interpretación de la relación funcional que necesitamos describir. El sentido de la relación funcional, que se asocia con la construcción y trayectoria de un punto, se basa en lo variable y dinámico. Esta modificación pude entrar en tensión con la concepción que tengamos en torno al concepto de función (Lupinacci, 2017).

4.2.4. Uso de variadas representaciones y profundización del estudio

Hemos nombrado varias veces al uso de diferentes marcos de representación en un problema. En este apartado profundizaremos sobre esas posibles interacciones, que no se agotan en las que nombraremos:

- El registro de las variaciones del punto dinámico en la Hoja de Cálculo. Así relacionamos la representación gráfica con los valores numéricos obtenidos (figura 13).
- El análisis de la gráfica funcional obtenida de forma global. Podemos construir puntos sobre la recta que contiene a la base del muro pero que no pertenezcan a ella, así variamos el intervalo de integración a lo largo de todo el eje de abscisas.
- La obtención de la representación simbólica con el comando Integral, o por medio de un ajuste de puntos, previamente construidos sobre el rastro dejado por el punto. Luego, analizar esa expresión desde la Vista Algebraica o la Vista CAS (figura 13).

Figura 13: Integración de marcos de representación. Fuente: elaboración propia.

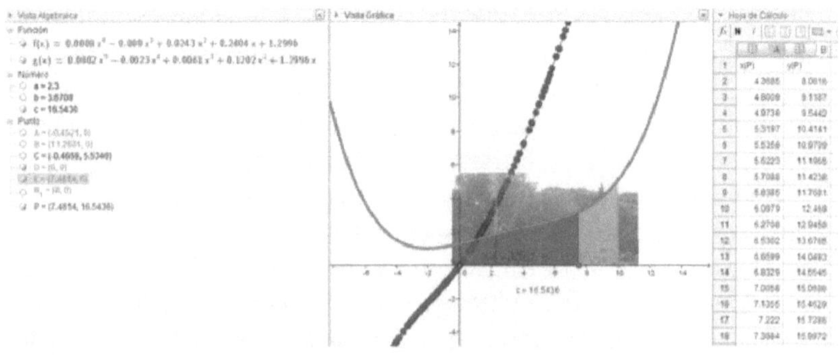

- La introducción de nuevas variables en el estudio, que abren otros interrogantes y, que responderemos o no en ese momento según nuestros conocimientos disponibles. Por ejemplo, ubicamos la imagen del muro en diferentes posiciones en la pantalla y nos mostrará variaciones que suponen diversas primitivas de la función. Nos conduciría al estudio de las características que se mantienen y cuáles cambian en cada una de ellas (figura 14).

Figura 14: Exploración de distintas primitivas. Fuente: elaboración propia.

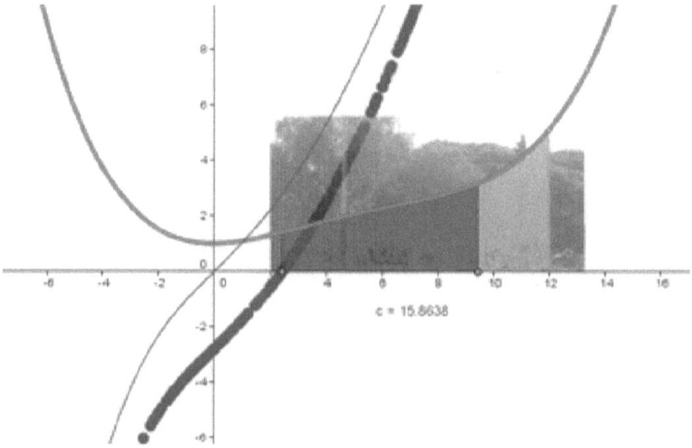

4.2.5. Consideraciones sobre las interacciones con ambos problemas

Sobre la base de las interacciones que analizamos con esta herramienta informática, perecería que la cantidad de opciones posibles se expanden, se interconectan y contextualizan sobre la noción de integral. Así, este tipo de entornos favorece la *ampliación* y *reorganización curricular* (Camacho Machín, 2005):

- Ampliación en cuanto a poder interconectar distintos conceptos y procesos asociados a las integrales y que a su vez contextualizan esta noción. Procesos que, de realizarse con lápiz y papel, supondrían una tarea extremadamente formal y compleja alejada de los propósitos de ciertos niveles de la educación.
- Reorganización en cuanto a la entrada a la noción de integral desde distintas perspectivas, por medio de la diversidad de representaciones. Por ejemplo, partir del cálculo de áreas bajo una curva por diferentes procedimientos, seguir por las sumas de Darboux y/o Riemman para llegar a

definir la integral definida y, finalmente plantear el estudio de la integral indefinida como función a partir de la modelización.

Las características de ampliación y reorganización de los entornos dinámicos pueden ilustrarse a partir de la imagen siguiente (figura 15). En ella tomamos de referencia la red de conceptos y técnicas asociados a la noción de integral, ya presentada anteriormente, pero, en este caso, son las distintas herramientas, comandos y modelizaciones posibles con el *software* las que vinculan los conceptos al oficiar de conectores.

Figura 15: GeoGebra como conectores de la red conceptual de la noción de integral. Fuente: elaboración propia.

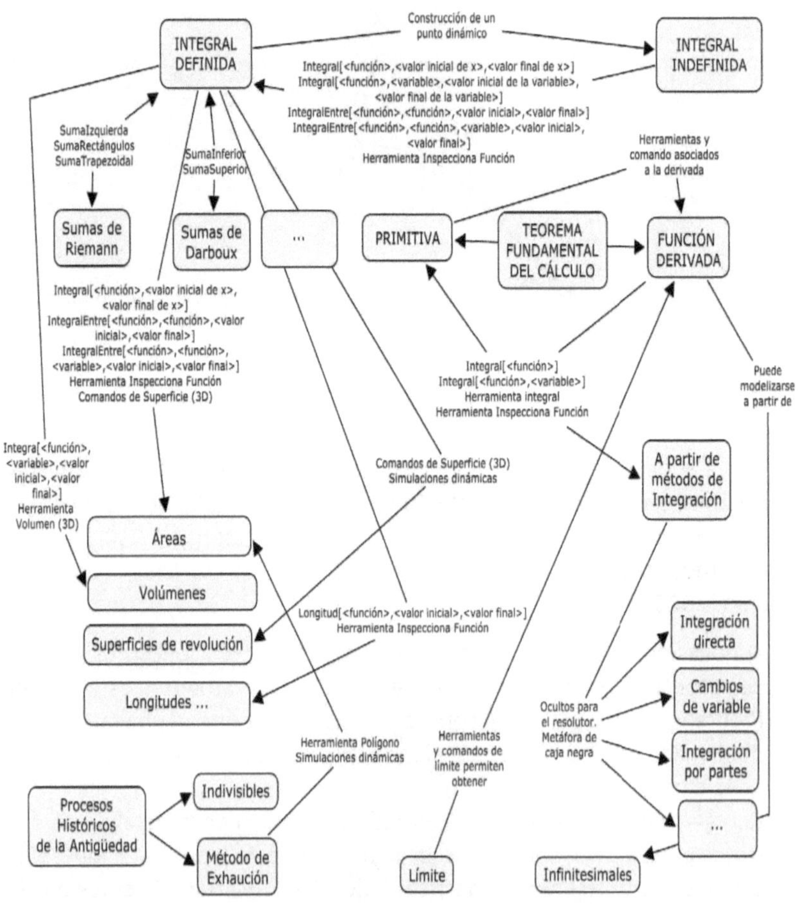

Encontraremos en la red los distintos comandos (con sus distintas variantes), herramientas y modelizaciones que han ido apareciendo a lo largo de las interacciones hasta aquí presentadas: Integral, IntegralEntre, SumaSuperior, SumaTrapezoidal, Polígono, Inspecciona Función, etcétera.

Hemos incluido otros, tales como los comandos de superficie y longitud; o agrupamientos tales como "comandos y herramientas asociados a derivadas". La no aparición de ellos en las interacciones anteriores se relaciona con las tareas propuestas en los problemas elegidos. No obstante, constituyen herramientas y comandos centrales para el trabajo con integrales que les proponemos explorar su uso en la resolución de diferentes situaciones.

Esta variedad de acciones que el *software* permite realizar ofician de conectores entre los distintos conceptos asociados a la noción de integral. Con ellos, tenemos la posibilidad de "navegar" en la red conceptual reconstruyendo procesos históricos y aplicaciones que le dan sustento al conocimiento trabajado. Procesos que, de ser abordados mediante un trabajo con lápiz y papel, supondrían un trabajo técnico que puede exceder los propósitos de los niveles educativos a los cuales se orienta esta propuesta.

Así, los procesos de ampliación y reorganización se constituyen como una característica distintiva en cuanto a las interacciones posibles en entornos dinámicos. No obstante, esta característica intrínseca del *software* no implica que su mero uso favorezca la comprensión conceptual, ni la realización de interacciones satisfactorias en función de las tareas a resolver.

Las interacciones que surjan entre nosotros (como resolutores) y un problema, cuando está mediado por un *software* dinámico, están configuradas en parte por los conocimientos matemáticos y extramatemáticos (en este caso acerca de las herramientas que ofrece el entorno), que pueden conducirnos a conceptualizaciones diversas de los saberes puestos en juego.

En el caso de las integrales, esas conceptualizaciones pueden ir asociadas a concepciones ligadas a las tareas que le dieron su origen tales como: la antiderivación; procesos para obtener longitudes; áreas y volúmenes o, en general, procesos de medida. En nuestro caso, ambos problemas desarrollan el concepto de integral a partir de la noción de área, siendo que las interacciones resultantes poseen marcadas diferencias. Diferencias que pueden asociarse a las características de los problemas planteados.

Un aspecto distintivo entre ambos problemas es su carácter de *estático o dinámico* (Bifano y Villella, 2012). El problema clásico puede caracterizarse como *estático* ya que no habilita, al menos en un principio, a que establezcamos relaciones entre la tarea a resolver y los procedimientos, puesto que estos se prescriben desde el propio enunciado. En contraposición, en los problemas *dinámicos* (entre los que se encuentra el problema extramatemático presentado), desde el enunciado de la actividad se legítima la posibilidad de estudio acerca de las conjeturas que se puedan realizar y sobre las relaciones entre estas y la tarea solicitada. De hecho, desde el propio enunciado se evidencia la característica dinámica del problema, al proponer el estudio de una variación.

Así, las interacciones posibles estarán influenciadas de acuerdo a las características –dinámicas o estáticas– de la tarea que se proponga resolver y, en los entornos dinámicos, el uso del "arrastre" se constituye en un indicador central para analizar tales interacciones.

Con relación a lo anterior, Acosta (2008) identifica a la acción de arrastrar como el principal tipo de tarea propio de los entornos dinámicos, el cual no posee una relación directa con ninguna técnica específica del entorno del lápiz y papel. A su vez, este arrastre puede tener diversas funciones en una situación de enseñanza (Soury-Lavergne, 2011):

- Posibilita corroborar la conservación de una propiedad matemática al arrastrar elementos de una construcción.
- Permite conjeturar propiedades a partir de ajustar construcciones simultáneamente en función de las hipótesis y de la conclusión.
- Posibilita validar o invalidar una construcción.

La primera de estas posibilidades se relaciona con una acción ostensiva, donde se pretende mostrar la conservación de una propiedad. La segunda y la tercera posibilidad pueden relacionarse con lo que se denomina arrastre de exploración y arrastre de verificación respectivamente. Así:

a. El arrastre de exploración es aquel que se realiza antes de elaborar una conjetura desplazando de manera aleatoria los diferentes elementos una construcción, pudiendo identificar un fenómeno visual que pueda interpretarse como una propiedad.
b. El arrastre de verificación se realiza una vez elaborada una conjetura, permitiendo analizar si el fenómeno visual que se tiene en mente corresponde al comportamiento de lo construido una vez manipulado.

De lo anterior surgen tres sentidos respecto del uso del dinamismo: ilustración, exploración y verificación. Estos distintos sentidos del arrastre pueden aparecer solos o combinados en una misma interacción permitiendo caracterizarla. ¿En qué nos basamos para dicha caracterización? ¿Cómo influye la que un problema sea estático o dinámico en el tipo de arrastre utilizado para su resolución?

En función de la distinción entre problema estático y dinámico, pareciera existir una relación entre ella y las interacciones posibles mediante la utilización del entorno dinámico. Interacciones que suponen distintos *modos de trabajo* (Trouche, 2003; Lupinacci, 2015) por parte de quien está resolviendo el problema (figura 16):

Figura 16: Los problemas y modos de trabajo. Fuente: elaboración propia.

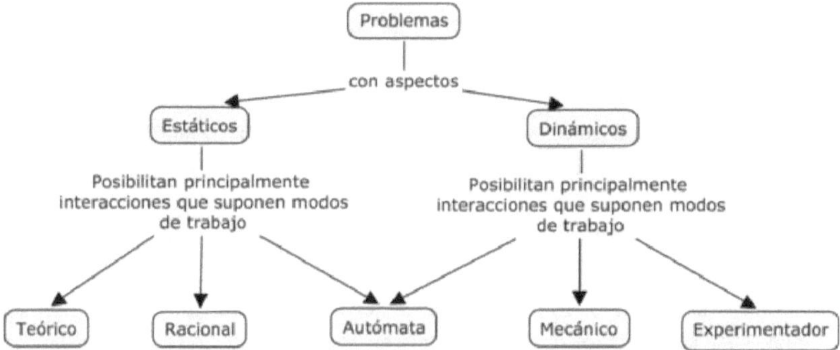

En el caso de nuestros problemas, las interacciones presentadas a partir del problema clásico se enmarcaron en general en los modos de trabajo teórico, racional y autómata; mientras que en el problema extramatemático, en las características de las interacciones resultantes se destacan los modos de trabajo autómata, mecánico y experimentador. Lo dinámico y estático de la tarea a resolver puede dar cuenta de las interacciones esperables por quien resuelve y del sentido conceptual que las mismas adquieran.

Pero, ¿a qué nos referimos con estos modos de trabajo cuando utilizamos herramientas informáticas? En primer lugar, estas características no pretenden etiquetar a quien resuelve de algún modo específico. Si bien cada uno de estos modos posee elementos que persisten, el pertenecer a un modo dado puede variar en función del tiempo, de los contenidos desarrollados y del tipo de tarea que se proponga desarrollar. Veamos una breve caracterización:[6]

- Teórico: supone un uso exploratorio del *software* limitado a recabar mínima información que complemente al enunciado. La información allí obtenida es interpretada a partir de conocimientos y concepciones externas al entorno dinámico, permitiendo dar sentido a los resultados obtenidos. El dinamismo del *software* funciona luego como una herramienta para verificar lo conjeturado.

---

6   Una caracterización completa puede encontrarse en Trouche (2003). La particularización de los modos de trabajo cuando se utiliza entornos dinámicos puede encontrarse en Lupinacci (2015).

- Racional: las inferencias sobre el problema son realizadas a partir del propio enunciado en relación con los conocimientos matemáticos disponibles y, la validez de las mismas, son esbozadas de forma externa al *software*. El dinamismo es únicamente utilizado como una ilustración de lo analizado externamente.
- Autómata: se destaca la falta de referencias tanto internas como externas al *software* que puedan dar cuenta de la validez de los procedimientos desarrollados. El que resuelve carece de control sobre la interacción. Para los resultados obtenidos, tanto correctos como incorrectos, no se cuenta con herramientas para validar las producciones, o el tema de la validez ni siquiera es considerado. El uso del dinamismo no supone ningún sentido particular.
- Mecánico: supone un uso sostenido y fluido del *software* como una herramienta que permite acumular información sobre la situación analizada. Existe una facilidad de manejo de la herramienta que posibilita realizar diversas construcciones independientes para obtener un resultado parcial de cada una de ellas. Así, el dinamismo es utilizado principalmente en un sentido exploratorio. La similitud de los resultados obtenidos en los distintos marcos de representación, o en las diversas construcciones, es lo que dará idea de validez a lo producido.
- Experimentador: se relaciona con la integración de diversos marcos de representación interrelacionados entre sí y, de esta forma confrontar la información brindada por uno de ellos con la obtenida en otros a partir de la manipulación que permite el *software*. El dinamismo de la herramienta se constituye en un medio de exploración para obtener información sobre la problemática estudiada, que puede ser puesta a prueba mediante verificaciones realizadas mediante el mismo entorno y que, a su vez, abre nuevos interrogantes.

Una relectura a las interacciones presentadas para ambos problemas desde el punto de vista de su característica estática o dinámica y de los modos de trabajo que ellos favorecen, da cuenta de la diversidad de conceptualizaciones posibles. Veamos algunas posibilidades.

Primero, en la resolución del problema clásico, el uso de la de la herramienta Inspecciona Función permite evidenciar la diferencia entre el área buscada y el valor de la integral. Diferencia que puede ser interpretada externamente al *software* a partir de la noción de área previamente construida por quien resuelve. El regreso al *software* y el uso del dinamismo en este caso, se da en cuanto a la realización de una *verificación* de lo interpretado por fuera del mismo. Verificación que puede realizarse, entre otras opciones, nuevamente mediante la herramienta Inspecciona Función, utilizando el arrastre para modificar el intervalo considerado. Trabajo que se enmarca en un *modo de trabajo teórico*.

Un ejemplo de *modo de trabajo racional* en la resolución del problema clásico lo encontramos en la puesta en juego de la noción de área previamente a cualquier tipo de uso del *software*. Desde el propio enunciado se interpreta la necesidad de obtener valores positivos. Interpretación que conduce a calcular las áreas delimitadas por la función de forma independiente y luego considerar sus valores absolutos. El uso posterior del software y su dinamismo tiene la única finalidad de *ilustrar* lo analizado externamente. Tanto mediante la construcción "manual" de polígonos, como del uso de comandos vinculados a la integral, considerando los valores absolutos de los resultados devueltos.

Segundo, la aceptación acrítica de ciertos resultados incorrectos en ambos problemas permite evidenciar un *modo de trabajo autómata*. La aceptación del resultado devuelto por el *software* como el área buscada ante el uso de comandos relativos a la suma de polígonos en el problema clásico, ejemplifica esta visión. En el problema extramatemático, otro ejemplo viene dado por la construcción errónea de un punto dinámico –por errores de sintaxis o por dificultades en la identificación de las variables a considerar–, aceptando la curva descrita por el mismo como la representación de la variación estudiada.

Tercero, el uso de distintas representaciones geométricas estáticas para estudiar la variación propuesta en el problema extramatemático, da cuenta de un *modo de trabajo mecánico*. El "costo" de producir diversas construcciones independientes entre sí, es bajo, ya que el resolutor posee un uso fluido de la herramienta. También se da en el caso de algunas construcciones dinámicas –comandos de suma de polígonos dinámicos, comandos relativos a la integral definida, construcción de puntos dinámicos– desconectadas entre sí. Se trata de un *zapping* donde el dinamismo es usado de forma *exploratoria* para acumular información sobre la variación estudiada.

Por último, la relación de distintas representaciones interconectadas realizadas para resolver el problema extramatemático y la profundización del estudio a partir de enunciar nuevas preguntas, da cuenta de un *modo de trabajo experimentador*. ¿Cuál es la expresión analítica que modeliza la variación estudiada? ¿Cómo puede obtenerse? Si desplazamos la imagen y ya no la ubicamos sobre los ejes cartesianos ¿La curva obtenida se modificará? El uso *exploratorio* del dinamismo permite generar estas preguntas, las cuales permitirán arribar a conjeturas que pueden ser *verificadas* tanto de forma interna como externa del *software*. Por ejemplo, buscar la expresión analítica que modeliza la variación por medio de un trabajo con lápiz y papel y luego, ingresándola en el *software*, contrastar su representación con el rastro dejado por un punto dinámico.

A priori y a excepción del modo de trabajo autómata, los otros modos de trabajo no suponen una valoración en cuanto a la tarea desarrollada por quien resuelve. Constituyen formas de trabajo diversas en que una persona se relaciona con la herramienta –*software* de geometría dinámica– para la resolución de un problema. Desde el punto de vista matemático, todos los modos emergen como satisfactorios en cuanto a permitir arribar a los resultados buscados. No obstante, en relación con el uso del *software* dinámico en particular, el modo mecánico en parte y el modo experimentador en particular, se destacan como un tipo de trabajo que posibilita explotar las características de estos entornos. Dotan de sentido a la implementación del recurso desde el punto de vista didáctico para profundizar los estudios relativos a un conocimiento en particular, en nuestro caso las integrales.

Sobre esta base, es posible que los problemas estáticos supongan un tipo de actividad en donde las características del recurso informático no son aprovechadas en su totalidad. Por las características de las interacciones posibles, el *software* se utilizaría como una herramienta limitada a la verificación y a la ilustración ostensiva. En contraposición, serán los problemas dinámicos los que permitan maximizar el aprovechamiento de la herramienta informática.

Queda abierto el interrogante en este punto acerca de qué otras características tanto de los problemas como externas a ellos, puede propiciar la evolución de las interacciones realizadas por quien resuelve, en pos de la conceptualización de los conocimientos matemáticos puestos en juego.

En línea con lo anterior y situando las interacciones entre el que resuelve y un *software* de geometría dinámica en el ámbito de una clase, el rol docente ocupa un lugar central en el desarrollo de tales interacciones. Rol que proponemos analizar desde el punto de vista de la orquestación instrumental.

5. Y ahora... en clase

En los apartados anteriores nos hemos centrado en las interacciones posibles entre un resolutor y un *software* de geometría dinámica, sin contemplar otros factores que pueden influir en tales interacciones. En este punto nos proponemos situar la resolución de los problemas en el ámbito de clase, donde quienes resuelven –ahora puntualmente estudiantes– pueden interactuar no solo con el problema a resolver y la herramienta informática, sino también con sus pares y con el docente. Somos nosotros, los docentes, quienes, en función de los propósitos didácticos, seleccionamos y adecuamos los distintos recursos disponibles para el desarrollo de la clase. Recursos que pueden incluir los problemas a resolver y un *software* específico para realizar la tarea.

La incorporación de estos recursos en una intervención áulica requiere que diseñemos su disposición y el modo de organizarlos para explotarlos mejor didácticamente en función de las tareas a realizar Este proceso es lo que llamamos *orquestación instrumental* (Trouche, 2003). El término remite a la metáfora del director de una orquesta –el docente– quien ingresa a la sala –el aula– con una idea clara acerca de cómo hacer que los músicos –los estudiantes– toquen una obra particular. Así, la orquestación que debe pensarse como un medio de aprendizaje en un ámbito colectivo, en donde la gestión de los instrumentos disponibles se realiza en relación con la tarea matemática propuesta, su resolución y los objetivos didácticos planteados.

En términos de las interacciones entre entorno dinámico y estudiantes, supone disponer los instrumentos y anticipar las intervenciones de modo que se generen intercambios. Estos favorecerán las interpretaciones de la información que brinda el *software* y, servirán de apoyo para la toma de decisiones (figura 17).

Figura 17: El profesor como orquestador instrumental. Fuente: Intervención sobre el texto de Laborde, 2012.

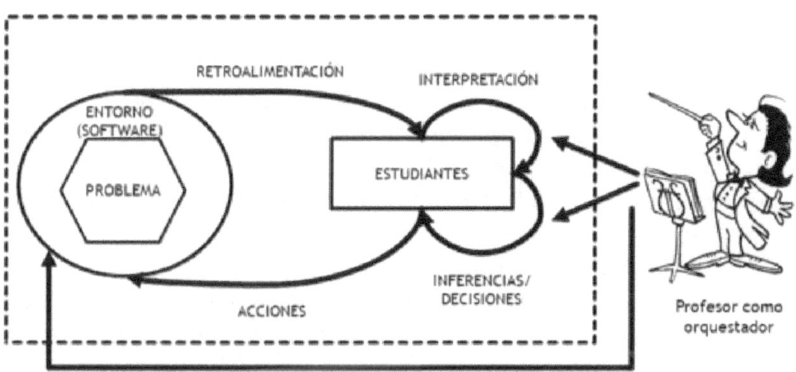

En el desarrollo de una orquestación instrumental se manifiestan tres elementos:

- La *configuración didáctica*, en cuanto a la ambientación de la enseñanza y los artefactos vinculados en ella. Consiste en una organización espacio-temporal de los instrumentos utilizados en clase, diseñada previamente a su implementación.
- La *explotación didáctica*, relacionada con las decisiones del docente en cuanto a las tareas asignadas y los roles que juegan los instrumentos, con

el fin de lograr un uso fructífero. Se trata de un conjunto de decisiones tomadas previamente a la clase, pero que pueden modificarse de acuerdo a su devenir.

- La *actuación didáctica*, vinculada con las decisiones *ad-hoc* que toma el docente durante el desarrollo de la clase. Son intervenciones creadas in situ en respuesta a los acontecimientos –en ocasiones imprevistos–, modificando los modos de explotación didáctica y, en menor medida, la configuración.

¿Qué decisiones podríamos considerar en la configuración didáctica, si decidimos implementar los problemas presentados? Podrían ser ¿trabajarán los alumnos con un solo tipo de dispositivo y su correspondiente versión de GeoGebra –intencionalmente o por disponibilidad–, o se permitirá el uso de variados dispositivos como netbook, celulares, Tablet, etcétera?,[7] ¿habilitaremos el uso de todas las herramientas de GeoGebra o restringiremos algunas?, ¿cuántos alumnos trabajarán conjuntamente en cada dispositivo?, ¿dispondremos de proyector?, ¿quiénes tendrán acceso a él?

En relación con la *explotación didáctica* de los instrumentos, podemos preguntarnos: ¿en qué momento de la clase y con qué propósito se usarán las producciones realizadas con el *software* y el proyector?, ¿lo utilizará el profesor para realizar explicaciones o formalizaciones?, ¿para abrir la discusión sobre algún hecho particular?, ¿lo utilizarán los alumnos para exponer sus producciones finales?, ¿lo utilizará algún estudiante o grupo de estudiantes conectados a lo largo de su proceso de resolución para que sus desarrollos sirvan de guía a sus compañeros?, ¿proyectaremos sobre una pantalla o sobre el pizarrón para poder realizar anotaciones complementarias sobre la imagen?, ¿se prevén momentos de explicación técnica del uso del *software* o de alguna herramienta particular?

Ejemplificaremos este elemento de la orquestación con algunos fragmentos de la puesta en obra del problema extramatemático en el último año de una escuela secundaria. Podremos entrever las formas en que el docente, en cuanto orquestador, resuelve los distintos momentos de la clase mediante la explotación didáctica de los instrumentos.

Fragmento a

Al momento de analizar la variación del área en función de la longitud de la base considerada, muchos grupos de estudiantes utilizan comandos de

---

7 La decisión no se basa únicamente en el tipo de dispositivo, sino en la versión del *software* optimizado para cada uno de ellos, ya que sus esquemas de uso y algunas características varían.

sumas de áreas ya conocidos, por ejemplo, SumaInferior. En general, mantienen la cantidad de rectángulos fija a medida que se considera una longitud mayor de la base. Al trabajar con una cantidad de rectángulos elevada (en general del orden entre los 50 y los 200) no visualizan gráficamente la pérdida de precisión en la aproximación realizada.

El docente decide intervenir a partir de la proyección de una construcción propia, similar a la de los alumnos, pero utilizando solo 3 rectángulos. Se abre así una *discusión de la pantalla*,[8] donde la precisión de la aproximación es el tema central del análisis y los estudiantes realizan sus propuestas al respecto (figura 18). Por ejemplo, que la cantidad de rectángulos sea proporcional a la longitud de la base. Para esto último se acuerda introducir en el comando, como cantidad de rectángulos, expresiones tales como $10*L$ o similares, siendo L la longitud de la base considerada.

Figura 18: Intervención docente. Fuente: elaboración propia.

Fragmento b

En la continuidad del trabajo, los alumnos intentan representar funcionalmente la variación estudiada. El docente decide conectar el proyector al dispositivo de un grupo de estudiantes para que su proceso de resolución sea visible al resto a medida que lo van desarrollando, con todas las acciones y retroacciones que se generen. El propósito no es que el resto de los

---

8   En este apartado indicamos en letra cursiva los nombres asignados por Drijvers y otros (2010) a los diferentes modos de explotación aquí presentados.

estudiantes reproduzca esa resolución, sino que el grupo sea como una *guía* para el resto de la clase y, así tomar ideas o generar nuevos interrogantes.

Mediante la construcción de un punto dinámico, los del grupo guía obtienen una representación funcional de la variación (similar a la correcta). Esta construcción, su procedimiento y sus alcances son conocidos por los alumnos a partir de haberlo utilizado en otros problemas anteriores, relacionados con representaciones funcionales de variaciones de magnitudes geométricas. Otros grupos de estudiantes intentan el mismo camino, aunque en algunos casos los resultados no son los esperados por ellos. Aparecen otras producciones que nos llevarán a distintos análisis (figura 19). La imagen de la derecha muestra una producción donde las variables para la construcción del punto fueron bien identificadas, pero la sintaxis utilizada no fue la correcta (ingresaron las coordenadas separadas por ";" y les quedó un gráfico del tipo de coordenadas polares). La imagen de la derecha indica una construcción que no consideró las variables estudiadas. Esto se debe a que los estudiantes de este grupo reprodujeron la construcción realizada por los del grupo guía acríticamente. Replicaron los nombres de los objetos por ellos ingresados mientras que, en su propia construcción, los objetos variables a considerar poseían otros nombres.

Figura 19: Producciones erróneas del problema. Fuente: elaboración propia.

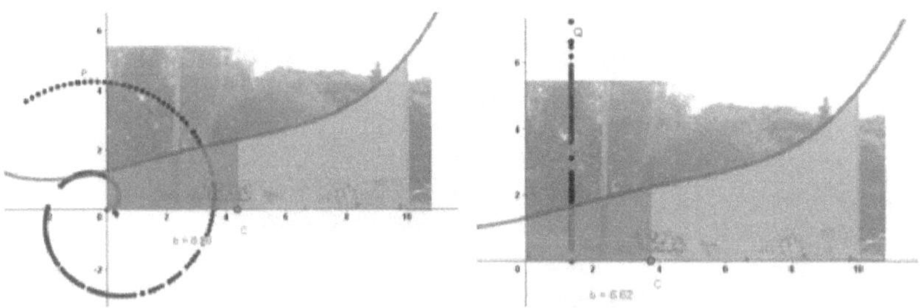

Estas producciones son retomadas por el docente en cuanto a una primera instancia de *exposición de la pantalla*, donde los grupos de alumnos comentaron a sus compañeros su forma de resolución y las dificultades que encontraron. En ese punto algunos grupos reconocen considerar que sus producciones no son correctas, aunque no disponen de las herramientas para identificar el error. Esto da lugar en primer lugar a nuevas *discusiones sobre la pantalla* grupales orquestadas por el docente, principalmente orientadas a la identificación de las variables puestas en juego y a los objetos matemáticos que las representan. Posteriormente el docente retoma lo discutido en una exposición para explicitar algunas cuestiones del funcionamiento de los comandos del *software –demo técnica–* y la relación entre la sintaxis de algunos comandos (tales como la introducción de puntos en coordenadas cartesianas y polares) y su relación con la escritura habitual en lápiz y papel *–enlace pantalla/pizarrón–*. Resulta oportuno destacar la decisión del docente de presentar estas diferencias cuando resultan necesarias para una resolución correcta. Así, la presentación de estos aspectos cuando los mismos son requeridos, dota de sentido a las herramientas no resultando las mismas una imposición, a modo de introducción técnico previa.

Es posible que en otra orquestación diseñada por otro docente surjan nuevos interrogantes y, que estarán vinculados a sus propios propósitos didácticos.

6. A modo de cierre

Mediante un análisis pormenorizado de las características del software GeoGebra en relación con el concepto de integral, hemos evidenciado cómo la herramienta informática puede convertirse en un ampliador y reorganizador curricular. Estas características destacables se han manifestado, por ejemplo, permitiendo relacionar los conceptos de diversas maneras y reproduciendo procesos históricos mediante los cuales estos conceptos han surgido.

Para el caso de las integrales en particular, esta ampliación y reorganización curricular puede convertirse en una herramienta de trabajo con estos conceptos en la Enseñanza Secundaria. Nivel en el cual muchas veces estas nociones son excluidas por los componentes técnicos y teóricos que los mismos suponen y que se alejan en parte de los propósitos de la educación obligatoria. Para la Enseñanza Superior (sobre todo en la formación docente), pensamos que estas características cobran también notoriedad para la introducción de las integrales. Evitamos la rutinización y la limitación al cálculo algebraico, aspectos que en muchos casos suelen ser centrales en los inicios de los estudios terciarios y universitarios.

A su vez, otras características que han emergido del análisis dan cuenta de la complejidad conceptual y epistemológica que circunscribe las producciones realizadas con estos entornos. Complejidad que se manifiesta en la diversidad de interacciones posibles con el *software*, para realizar una misma tarea. Mediante la clasificación de interacciones hemos arribado a algunas conclusiones en cuanto a que, a partir de una misma tarea y una misma herramienta de mediación, es posible obtener:

- producciones tanto correctas como incorrectas y, en el caso de las correctas o satisfactorias, con variado nivel de profundidad; cuestión que se relaciona con los conocimientos matemáticos y técnicos disponibles;
- producciones correctas y análisis profundos de la situación a resolver sin que la herramienta informática haya brindado un plus a la resolución, siendo esta utilizada de forma mínima o prácticamente nula.

Estas conclusiones nos han llevado a centrarnos en dos aspectos: los problemas a resolver, y su implementación en clase. Un problema potente para ser trabajado con lápiz y papel no necesariamente tiene la misma potencialidad para ser trabajado en un entorno de geometría dinámica, y viceversa. Consideramos en este sentido, que el *software* puede resultar una herramienta muy valiosa de resolución, al favorecer la exploración y la conjeturación y al permitir la ampliación del campo de estudio mediante la interconexión de conceptos. No obstante, este potencial no es independiente de las tareas que se propongan resolver. Una tarea cerrada o unívoca —las que hemos caracterizado como estáticas— puede ser resuelta satisfactoriamente con el *software* pero, en este caso, el uso realizado de la herramienta es limitado. Lo anterior no es algo negativo en lo absoluto, pero plantear problemas que resulten potentes para ser resueltos en este tipo de entornos —los que hemos caracterizado como dinámicos—, no solo dota de sentido la introducción de la herramienta en clase, sino que puede otorgar un plus a la calidad y profundidad de los conceptos estudiados.

A su vez y como hemos analizado, es el rol del docente el que dota de sentido la introducción de las actividades e instrumentos en el aula. Así, como orquestador, ocupa un rol insoslayable en el devenir de la clase y en la gestión de los instrumentos disponibles, en relación con su explotación didáctica.

Lo anterior fundamenta la necesidad de la formación continua y la reflexión sobre las herramientas informáticas como mediadoras de la enseñanza. No solo en cuanto a su dominio técnico, sino en relación con un conocimiento más profundo, que incluya:

- las diversas interacciones posibles con la herramienta para un conocimiento en particular,
- la implicancia conceptual y epistemológica de su uso,
- las configuraciones didácticas posibles y los variados modos de explotación y,
- herramientas para la elaboración o selección de actividades potentes para ser resueltas mediante ellas.

Hemos realizado este recorrido a partir del análisis en profundidad de un *software* particular –GeoGebra– y un contenido matemático concreto –la noción de integral–. Creemos que los marcos de referencia y desarrollos aquí presentados pueden ayudar a la reflexión docente en relación con otras herramientas informáticas y otros conceptos. Los invitamos a que realicen este recorrido, esperando haber abonado a la reflexión sobre la inserción de las tecnologías informáticas para la enseñanza de la matemática en general.

7. Bibliografía

Acosta Gempeller, Martín (2008). *Démarche expérimentale, validation, et ostensifs-informatisés. Implicationsdans la formationd'enseignants à l'utilisation de Cabri en classe de géométrie.*Thèse de doctorat. Université Joseph Fourier. Grenoble, EditionsEdilivre.

Arcavi, Abraham y Hadas, Nurit (2003). "El computador como medio de aprendizaje: ejemplo de un enfoque", *International Journal of Computers for Mathematical Learning* 5, pp. 25-45.

Artigue, Michèle (1995). "La enseñanza de los principios del cálculo: problemas epistemológicos, cognitivos y didácticos", en Gómez, Pedro (ed.): *Ingeniería didáctica en educación matemática.* Bogotá: Iberoamérica, pp. 97-140.

Azcárate, Carmen; Casadevall, Martí; Casellas, Esther y Bosch, Daniel (1996). *Cálculo diferencial e integral.* Madrid: Síntesis.

Babini, J. (1966). "Introducción", en Arquímedes: *El Método.* Buenos Aires; Editorial Universitaria de Buenos Aires, pp. 5-29.

Bifano, Fernando y Villella, José (2012). "Saberes construidos con (en) problemas dinámicos: ¿Otros objetos de saber?", en *Colloquehommage à Michèle Artigue.* Paris: Universidad Paris VII.

Calvo Pesce, Cecilia (2001). *Un estudio sobre el papel de las definiciones y las demostraciones en cursos preuniversitarios de Cálculo Diferencial e Integral.* Tesis Doctoral. Universitat Autónoma de Barcelona.

Camacho Machín, Matías (2005). "La enseñanza y el aprendizaje del análisis matemático haciendo uso de CAS (computer algebra system)", en *Noveno Simposio de la Sociedad Española de Educación Matemática SEIEM,* pp. 98-110.

Collette, Jean-Paul (1993). *Historia de las matemáticas.* México: Siglo XXI.

Drijvers, Paul; Doorman, Michiel; Boon, Peter; Reed, Helen y Gravemeijer, Koeno (2010). "Theteacher and thetool: instrumental orchestrations in thetechnology-richmathematicsclassroom", *Educational Studies in Mathematics* 75, pp. 213-234.

Ferragina, R. y Lupinacci, L. (2012). "La enseñanza del concepto de integral a partir del cálculo de áreas en un ambiente dinámico", en *Colloquehommage à Michèle Artigue*. Paris: Universidad Paris VII.

—— (2015). "La noción de función mediada por entornos dinámicos. El caso del punto dinámico", en: *Educación Matemática en las Américas*, Volumen 4, República Dominicana, pp. 302-312.

—— (2017). "Caracterización de la función mediada por software de geometría dinámica. El caso del punto dinámico", en Fioriti, Gema (comp.): *Recursos Tecnológicos en la enseñanza de Matemática*. Buenos Aires: Miño y Dávila-Unsam Edita.

González Urbaneja, Pedro (2008). *Arquímedes y los orígenes del cálculo integral*. Madrid: Nivola.

Laborde, Colette (2012). "Une analyse didactique de différents types d'interactivité rendus posibles par les technologies Cabri", en Azabrache, Haydée y Ugarte, Francisco (eds.): *Actas del VI Congreso Iberoamericano Cabrí 2012*. Lima: PUCP, pp. 38-55.

Lupinacci, L. (2015). *Sentido conceptual y epistemológico del conocimiento matemático que emerge de la interacción entre resolutor y software dinámico: El caso de la noción de integral en la escuela secundaria*. Tesis de Maestría sin publicar. Universidad Nacional de San Martín.

—— (2017) "La función como modelizadora de la variación: Producciones de alumnos y recursos docentes", en Fioriti, Gema (comp.): *Recursos Tecnológicos en la enseñanza de Matemática*. Buenos Aires: Miño y Dávila-Unsam Edita.

Soury-Lavergne, Sophie (2011). "De l'intérêt des constructions molles en géométrie-dynamique", *MathemaTICE* N°27.

Trouche, Luc (2003). *Construction et conduit des instruments dans les apprentissages-mathématiques: nécessité des orchestrations*. Document pour l'Habilitation à Diriger des Recherches. Université Paris VII: Edition de l'IREM, Université Montpellier II.

CAPÍTULO 3

Entre lo seguro y lo posible: el pensamiento probabilístico como objeto de estudio en el aula

por Victoria P. Güerci

> *(…) uno de los desafíos actuales para el desarrollo del pensar matemático de los alumnos, desde los primeros niveles de enseñanza, es ver la manera como los conceptos probabilísticos, y con ellos la estadística, pueden hacerse intuitivos, es decir, poder lograr que sean comprendidos sin demasiada extrañeza, ni dudas, antes de llegar al uso del razonamiento lógico que los justifique para lograr el pleno convencimiento.*
>
> Santaló, L. 1994:56

1. Introducción

Cada vez que una persona hace una previsión sobre cualquier acontecimiento por más mínimo que parezca, como: "mañana lloverá", "seguramente Carolina llegará tarde" o "las acciones en bolsa subirán el próximo semestre"; cada vez que toma decisiones, tales como "mejor uso la campera", "tomemos el desvío", "conviene darle tal o cual droga al paciente", etcétera; cada vez que busca o atribuye una causa "se comporta así porque está mal", "el ventilador no funciona porque es demasiado viejo", "nos perdimos pero llegamos por casualidad", o "la pelota se mueve porque la patearon"; está realizando evaluaciones que se insertan en un marco de juicios y de toma de decisiones más o menos explícitos, recurriendo a un razonamiento probabilístico.

El uso cotidiano de razonamientos probabilísticos hace necesario el desarrollo de una *cultura probabilística*. Pero, ¿qué entendemos por *cultura probabilística*? ¿Es acaso aquella que solo se relaciona con el conocimiento de modelos matemáticos? ¿Qué relación tienen con ella los razonamientos intuitivos cotidianos relativos al azar? ¿Es necesaria su enseñanza o basta con su desarrollo en los acontecimientos diarios de las personas? Estas son preguntas que buscaremos responder a lo largo de este capítulo.

La cultura probabilística, sobre la que nos hacemos preguntas, no solo está presente en las decisiones que día a día toman las personas, también reclama su inclusión en los trayectos de formación. Actualmente, se reconocen tres funciones básicas que debe garantizar el tránsito por la escolarización obligatoria: la formación del ciudadano, la preparación para estudios superiores consiguientes y la formación para el desempeño laboral. La probabilidad está presente en todas estas áreas.

Tanto la existencia de razonamientos probabilísticos en los eventos cotidianos como la inclusión de la cultura probabilística en la escolarización obligatoria, convierten los conocimientos disciplinares, didácticos y los razonamientos pedagógicos en componentes del desarrollo profesional docente de los profesores de matemática. Ante la necesidad social y cultural de fortalecer la formación en Teoría de la Probabilidad y con el objetivo de su comprensión, *sin extrañeza* desde los primeros niveles de enseñanza (Santaló, 1994), problematizaremos el desarrollo del pensamiento probabilístico. Reflexionaremos sobre un posible modo de su ingreso al aula, a la luz de fundamentos históricos, epistemológicos, didácticos y psicológicos. Formularemos y analizaremos secuencias de actividades, con una metodología orientada hacia la enunciación de intuiciones probabilísticas acertadas, que pueden ser insumos para la reflexión de las prácticas educativas.

2. La probabilidad: sus fundamentos

Tomaremos en cuenta los *fundamentos* históricos, epistemológicos, psicológicos y didácticos, en cuanto al origen del contenido y a la razón básica de su existencia en la escuela. Esto implica visualizar algunos aspectos relacionados con la enseñanza de cada uno de los saberes: los motivos que nos movilizan hacia su enseñanza, más allá de los normativos y prescriptivos; las estrategias y metodologías a desplegar; su construcción histórica, y las recomendaciones provenientes de los campos de la didáctica y la psicología. En relación con la matemática, Klimovsky y Boido (2005: 25) se preguntan *"por qué hay que creer* en lo que se sostiene en esta disciplina" y muestran que todas las respuestas a su interrogante conforman los *fundamentos de la matemática*, análogamente aquí planteamos a los *fundamentos curriculares de la Probabilidad* como aquellos que dan respuesta a ¿por qué hay que creer en lo que sostenemos dentro del aula cuando enseñamos Probabilidad? Un posible camino para pensar en los fundamentos es plantearnos interrogantes y comenzar a buscar, en el entramado disciplinar, las respuestas.

Proponemos iniciar este proceso reflexivo preguntándonos por el significado que le otorgamos a las palabras que utilizamos y comenzar por el término *Probabilidad* nos parece lo más adecuado. Consultamos el diccionario y encontramos la siguiente definición: "Probabilidad: Del latín *probabilĭtas*. En un proceso aleatorio, razón entre el número de casos favorables y el número de casos posibles" (Real Academia Española [RAE], 2014). Esta definición nos remite a dos elementos: la aleatoriedad como proceso y, relacionada con esta, la razón (división) laplaciana, en reconocimiento al matemático Pierre Simone Laplace (1749-1827), quien propuso el cálculo.[1] *Aleatoriedad* proviene del latín *aleatorius*, derivado de *alea*, "juego de azar" (RAE, 2014), por lo que lo aleatorio es lo inherente a los juegos de azar. Se encuentra entonces, un nuevo término, *azar*. Esta palabra tiene su raíz seminal en el árabe *zahr*, es decir, dado (RAE, 2014). Por lo que, esta caracterización de la Probabilidad nos transporta al dado, más específicamente a los juegos de dados, como un ejemplo típico de lo que en el cotidiano se acepta como fenómenos aleatorios. La característica de imprevisible (incierto y desconocido) la adquiere el resultado a obtener, una vez que el pequeño cuerpo geométrico con números comienza a girar (Batanero y Díaz Godino, 2002). Cabe destacar que el pensamiento probabilístico no hace referencia exclusiva al juego de dados, sino que este se alza como un representante de aquellos sucesos con resultados imprevisibles.

El otro aspecto presente en esta definición de Probabilidad es el hecho de que en ese proceso podemos realizar cuantificaciones, porque el diccionario reconoce como técnica para lograrlo la división de los casos favorables por la cantidad de casos posibles, cálculo conocido como *cociente laplaciano* o *probabilidad de Laplace*.

Ejemplificaremos lo presentado. Imaginemos que estamos enfrentados (vos y yo) en un juego de dados. Las reglas son las siguientes: se lanzan dos dados *equilibrados* (no alterados) cúbicos enumerados del 1 al 6 y se suman los valores obtenidos, gana quien sume mayor cantidad de puntos. Antes de comenzar, ¿podemos prever que número saldrá al arrojar el dado?, ¿de qué información disponemos? No se puede asegurar qué número saldrá, aunque sí que los resultados posibles son del 1 al 6, y que todos tienen la misma posibilidad de salir, ya que el dado no está alterado. No hay trampas. Sería trampa, por ejemplo, que una cara fuera más pesada que las otras, porque caería con mayor facilidad hacia abajo. ¿Por qué sería trampa si la cara cae hacia abajo? Esta duda se resuelve observando diversos dados equilibrados.

---

[1] Se conoce a la división entre los casos favorables por los casos posibles como razón laplaciana en honor a Pierre-Simón marqués de Laplace (1749-1827). Si bien no fue el primero que consiguió una distribución continua de la probabilidad, dado que en 1756 el inglés Simpson (1710-1761) introdujo la continuidad, sí merece el crédito de ser el primero en aplicar el análisis en manera amplia transformando la metodología de trabajo llevada a cabo hasta entonces.

Las caras opuestas de los dados siempre suman 7. Por lo que, si una cara cae boca abajo, la superior muestra el número que falta para llegar a siete. Concluimos, entonces que, si una cara pesa más que las otras, se favorece el que, tras el tiro, salga con mayor facilidad su cara opuesta, que posee un valor fijo. Es decir, si alteráramos un dado colocándole peso desde el interior a la cara que posee el número 5, estaríamos aumentando las posibilidades de obtener un 2 (nótese que 5 + 2 = 7). Eso sería alterar el dado.

Regresamos al juego. Supongamos que ya lanzaste y sumaste 7 puntos. Ahora es mi turno, lanzo los dos dados en forma simultánea, si en la cara de un dado veo un 4, ¿qué debería ver en el otro dado para ganarle a tu tiro? Considerando que en un dado obtuve un 4, ¿cuántas posibilidades tengo de ganarle a tu tiro? En el segundo dado la respuesta puede ser cualquier número del 1 al 6. Sacar un 1 me haría perder contra tu suma, lo mismo con el 2. Si obtengo un 3, empataríamos. Entonces, solo podré ganarte si obtengo 4, 5 o 6. Por lo que, si queremos saber cuáles son las oportunidades de ganar, habiendo obtenido un 4 en uno de los dados, diremos que hay tres tiros que son favorables y seis tiros posibles. Así, la probabilidad, calculada como cociente de casos favorables sobre casos posibles, es 3/6, o lo que es equivalente ½, la mitad de los casos.

Pero, el razonamiento anterior, ¿es la única forma de arribar a la respuesta? ¿Solo es posible contestar la duda del jugador si se tiene conocimientos de la fórmula laplaciana ofrecida por el diccionario? Diremos que no. Sin poseer conocimientos probabilísticos, como los recién mencionados, una persona puede arribar a la misma respuesta mediante conjeturas intuitivas. Si el dado tiene seis caras y en cada una de ellas hay un número distinto del 1 al 6, aunque no sepa qué número se obtendrá al arrojar el dado, sabe que hay 1 posibilidad de 6 de obtener cada uno de ellos, y que solo tres llevan a ganar, por lo que solo se gana con 3 de 6 posibles lanzamientos, es decir, la mitad de los hechos posibles. El diccionario define esto como *pensamiento estocástico*, y este se haya íntimamente relacionado con el pensamiento probabilístico.

La palabra estocástico deriva del griego στοχαστικός, la cual en su traducción más literal hace referencia a "lo hábil en conjeturar" (RAE, 2014). El diccionario ofrece dos acepciones para este término: "1. adj. Perteneciente o relativo al azar. 2. f. Mat. Teoría estadística de los procesos cuya evolución en el tiempo es aleatoria, tal como la secuencia de las tiradas de un dado" (RAE, 2014). Esta definición remite nuevamente a la aleatoriedad, pero esta vez notamos una diferencia sustancial con el pensamiento probabilístico, y es que no se refiere directamente a un modo de *cálculo* (como el laplaciano) sino que pone el acento en aquellos razonamientos *intuitivos sostenidos en lo empírico*, que se relacionan con lo aleatorio y azaroso, como lo es analizar qué sucede con los resultados de lanzar reiteradas veces un dado.

Tomemos nuevamente los dados para pensar en forma intuitiva, *estocástica*. Tenés dos dados y antes de lanzarlos predecís el resultado que obtendrás al sumar los números de las caras. Vas a ganar si tu previsión se cumple. ¿Tiene sentido que digas *cualquier* número?, ¿cuáles son los resultados posibles de sumar los números de las caras de los dos dados?, ¿es indistinto el número resultante de la suma a elegir?

Las preguntas anteriores nos permiten anticipar que cada dado tiene seis resultados distintos que pueden salir y que todos son igualmente posibles. Como se trata de sumar los números hay una cantidad acotada de posibles sumas. La suma igual a uno no es posible ya que los números más pequeños a obtener son un 1 en cada dado. Entonces, la suma mínima será 2 y la máxima será 12, pues se trata del caso en que ambos dados muestran un 6. Estamos en condiciones de afirmar que solo es lógico proponer resultados del 2 al 12. Pero, ¿todas las sumas tienen la misma posibilidad de salir?

¿Qué estrategias utilizarías para dar respuesta al interrogante? Proponemos organizar la información y contabilizar las posibles formas de sumar. El modo de organización es personal, para nosotros el más sencillo es la construcción de una tabla (tabla 1). Cabe destacar que los modos de proceder para resolver un problema pueden ser sencillos para unos y complejos para otros, por lo que cada persona tiene la libertad de organizar la resolución como lo considere mejor. Contemplamos las sumas imposibles, por ejemplo, no es posible sumar 8 si una de las caras tiene un 1, puesto que el máximo número exhibido en un dado es 6. Además, no es lo mismo que un número se obtenga en un dado que en el otro, por ejemplo, la suma 3 puede formarse con un 1 en el primer dado y un 2 en el segundo y, también de manera inversa, siendo una posibilidad distinta. Para mostrar los diferentes dados en la tabla acordamos que el primer sumando se corresponde al primer dado lanzado y el segundo sumando al otro, y que en todos los casos se lanza en primer lugar el mismo dado.

Tabla 1: Tiros de dos dados. Fuente: elaboración propia.

1	2	3	4	5	6	7	8	9	10	11	12
Imposible	1 + 1	1 + 2	1 + 3	1 + 4	1 + 5	1 + 6	2 + 6	3 + 6	4 + 6	5 + 6	6 + 6
		2 + 1	2 + 2	2 + 3	2 + 4	2 + 5	3 + 5	4 + 5	5 + 5	6 + 5	
			3 + 1	3 + 2	3 + 3	3 + 4	4 + 4	5 + 4	6 + 4		
				4 + 1	4 + 2	4 + 3	5 + 3	6 + 3			
					5 + 1	5 + 2	6 + 2				
						6 + 1					

La información de la tabla nos muestra que no es indistinta la elección de cualquier suma. Si se desea ganar es conveniente que, previo al lanzamiento de los dados, se anuncie que se espera obtener una suma igual a 7, ya que hay mayores posibilidades de lograr este número. La tabla también nos muestra que hay 36 sumas distintas al arrojar dos dados (total de casos posibles) y, nos permite observar de cuántas formas logramos cada suma (casos favorables). Por los motivos que explicamos, podemos decir que sumar 1 es imposible, mientras que la probabilidad de sumar 2 es de 1/36 (una suma favorable sobre todas las posibles). Con el mismo el razonamiento, la probabilidad de sumar 7 es de 6/36. Entonces, con el cociente laplaciano (como indicó el diccionario) calculamos todas las probabilidades de obtener las distintas sumas (tabla 2).

Tabla 2: Cálculo laplaciano de probabilidades. Fuente: elaboración propia.

Suma	1	2	3	4	5	6	7	8	9	10	11	12
Probabilidad de ocurrencia	Imposible	1/36	2/36	3/36	4/36	5/36	6/36	5/36	4/36	3/36	2/36	1/36

Presentamos ejemplificaciones con dados cúbicos, pero existen dados con otras formas, todas perfectamente regulares con una rodadura que garantiza la aleatoriedad. Se encuentran en total cinco dados perfectos que se corresponden con los cinco cuerpos geométricos conocidos como *sólidos platónicos*: el tetraedro (cuatro caras), el cubo o hexaedro (seis caras), el octaedro (ocho caras), el dodecaedro (doce caras) y el icosaedro (veinte caras). Desde la antigüedad se fabrican dados con estas formas y cada uno tiene un modo particular de leerse. En el caso del dado cúbico, tradicionalmente utilizado, se lee el número de la cara superior. Pero, por ejemplo, en el dado tetraédrico, con forma de pirámide de caras triangulares, que contiene los números del 1 al 4, la forma de leer el número obtenido varía según el modelo de dado usado: de la cúspide (punta), en el caso que los números estén colocados en los vértices, o de la base, si los números están colocados en las aristas (figura 1).

Figura 1: Dados tetraédricos. Fuente: elaboración propia.

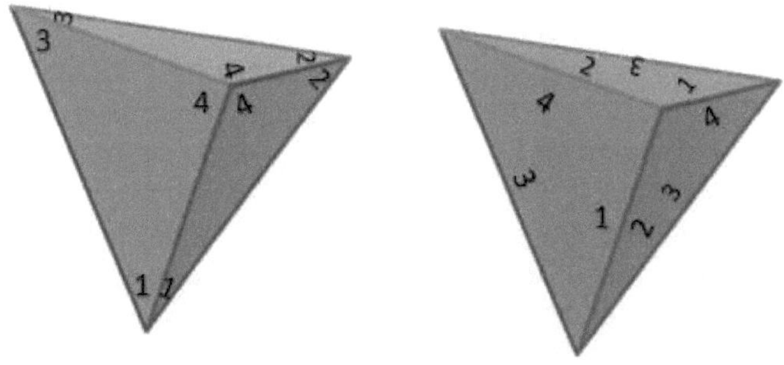

Si pensáramos el juego anterior con otros dados, ¿qué interrogantes y modificaciones surgirían? Supongamos que tenés dados tetraédricos (figura 1) y, nuevamente, antes de lanzarlos predecís el resultado que obtendrás al sumar los números de las caras. Vas a ganar si tu previsión se cumple. ¿Cómo se modifican las posibilidades de ganar el juego al utilizar los dados piramidales?, ¿se mantiene la mayor suma a lograr?, ¿y la cantidad de resultados a obtener?, ¿tenemos la misma posibilidad de obtener un dos usando un dado cúbico o tetraédrico? Para hallar las respuestas a las preguntas proponemos utilizar como estrategia de resolución la confección de una tabla de posibilidades. En el caso de los dados tetraédricos, la menor suma a lograr es 2 (obteniendo un 1 en cada dado), mientras que la mayor es 8 (arrojando un 4 en cada pirámide). Además, en la construcción de la tabla contemplamos aquellos casos imposibles, por ejemplo, no es posible sumar 6 si una de las caras tiene un 1, ya que el máximo número contenido en el dado tetraédrico es 4. Diferenciamos los números obtenidos en uno y otro dado, el primer sumando se corresponde al primer dado lanzado y el segundo sumando al otro, y que en todos los casos se lanza en primer lugar el mismo dado (tabla 3).

Tabla 3: Tiros de dos dados tetraédricos. Fuente: elaboración propia.

2	3	4	5	6	7	8
1 + 1	1 + 2	1 + 3	1 + 4	2 + 4	3 + 4	4 + 4
	2 + 1	3 + 1	4 + 1	4 + 2	4 + 3	
		2 + 2	2 + 3	3 + 3		
			3 + 2			

Tal como podía preverse, considerando los análisis realizados en el juego anterior, al lanzar los dados tetraédricos no es indistinta la elección del resultado a anticipar. Si se desea ganar, es conveniente que, previo al lanzamiento de los dados, se anuncie que se espera obtener una suma igual a 5, ya que hay mayores posibilidades de lograr este número. La tabla también nos muestra que hay 16 sumas distintas al arrojar dos dados (total de casos posibles) y, nos facilita la observación de cuántas formas logramos en cada suma (casos favorables). La probabilidad de sumar 2 con dados tetraédricos es de 1/16, mientras que con los dados cúbicos la posibilidad de sumar ese mismo número es 1/36. Estamos en condiciones de contestar que hay mayores posibilidades de obtener la suma 2 con los dados tetraédricos que con los dados cúbicos, ya que la cantidad de sumas posibles es menor con los dados piramidales.

La comparación entre los distintos dados permite proponer diversos interrogantes para comparar y analizar posibilidades de ocurrencia de sucesos, por ejemplo ¿tenemos la misma posibilidad de obtener un número par usando un dado cúbico o tetraédrico?, ¿por qué? A simple vista pareciera que, dado que hay mayores lanzamientos y sumas posibles con el dado cúbico, la posibilidad de obtener un número par es mayor si se opta por ese dado. Sin embargo, al contar la cantidad de sumas con las que se obtiene un número par hallamos que, en el caso del dado cúbico, se trata de 18 sumas de un total de 36, la mitad. Mientras que, si analizamos el caso del dado tetraédrico, tenemos 8 sumas de un total de 16 que dan por resultado un número par, también la mitad de los casos. Es decir que, las posibilidades de obtener un número par son iguales, porque que en ambos casos se trata de la mitad de las sumas posibles.

Jugar con dados y analizar posibilidades, nos llevaría a un nuevo cuestionamiento: ¿por qué al estudiar el origen de la palabra Probabilidad los dados son los grandes representantes? Lo contestaremos desde la perspectiva histórica de esta rama de la matemática. Los primeros problemas del tipo probabilístico se sitúan con la consideración de los juegos de azar. Uno de ellos fue citado, en el año 1494, por Luca Pacioli (1445-1517) en el libro *Summa de Arithmetica*, y proponía el reparto de una apuesta a partir de conocer la relación entre los puntos alcanzados por los jugadores. Diversos historiadores e investigadores (Bell, 1992; Le Lionnais, 1962; Odifreddi, Rota e Idiarte, 2006) señalan como hito que marca el nacimiento de la Probabilidad la correspondencia establecida entre Blas Pascal (1623-1662) y Pierre de Fermat (1601-1665) en torno al problema de Pacioli. Pascal y Fermat recurrieron a las propiedades del actual triángulo de Pascal, usando particularmente los coeficientes del desarrollo binomial.[2]

¿Tomamos en cuenta estos aspectos históricos en las caracterizaciones que enseñamos, aprendemos y usamos sobre Probabilidad? Tal vez una de las definiciones más conocida de Probabilidad para quien estudie sobre el tema o consulte un diccionario, es la de Laplace. Se trata de una definición clásica, que la enuncia como el cociente entre el número de casos favorables y el número de casos igualmente posibles. Pero, para otros matemáticos con una postura logicista respecto de las definiciones, la propuesta de Laplace resultó circular y por lo tanto inconsistente desde el punto de vista lógico (Bell, 1992). Pero, ¿dónde se halla esa inconsistencia lógica? Si analizamos detenidamente lo que enuncia Laplace, resulta que el número de casos igualmente posibles (el denominador del cociente) equivale a anticipar el número de casos igualmente probables. Es decir que define a la Probabilidad sobre la base de conocer "una probabilidad" y, esto es lo que hace circular (redundante) la propuesta.

Los aportes de Laplace y sus colaboradores inmediatos: Legendre (1752-1833) y Gauss (1777-1855) fueron perfeccionados, sistematizados y ordenados a lo largo del siglo XIX. En 1837, el matemático francés Simeón-Denis Poisson (1781-1840) divulgó una aproximación de la distribución binomial y generalizó la ley de los grandes números, que describe el comportamiento de un hecho aleatorio a medida que aumenta la cantidad de casos estudiados. Seis años después, Antonio-Augusto Cournot (1801-1877) presentó una nueva definición de Probabilidad basada en la estabilidad de las frecuencias relativas. Esta definición sostiene que, si un experimento se repite una cantidad lo *suficientemente grande de veces*, la probabilidad de un hecho está determinada por el número de veces en que se da un suceso, respecto de la cantidad total que se realice el experimento. El valor *suficientemente grande de repeticiones del experimento* no es un número predeterminado, pero cuanto mayor sea el número de veces que se pueda realizar el experimento en iguales condiciones, mejor será la medición de la frecuencia con la que se reitera un hecho. En el final del siglo XIX, el austríaco Richard vos Mises (1883-1953) también sostuvo una postura empirista del cálculo de probabilidades partiendo de las frecuencias relativas mediante la observación de resultados. Este enfoque fue objetado desde diversos puntos de vista. Por ejemplo, desde una mirada de practicidad, ya que para establecer una probabilidad se requiere

---

2   Para profundizar en este tema recomendamos consultar el artículo "Historia de un problema: el reparto de la apuesta" en la edición número 33 de la revista *Summa* publicada en febrero del año 2000, en las páginas 25 a 36.

de un número muy grande de resultados precisos y, además, de considerar que para ciertos fenómenos aleatorios es imposible su repetición controlada.

En el siglo XX, el ruso Andrei N. Kolmogoroff (1903-1987) y el sueco Harald Cramer (1893-1985) lograron establecer una definición axiomática de la Probabilidad, para dejar de lado cuestiones filosóficas controversiales presentes en la definición empirista. Esta definición axiomática establece que al realizar un experimento que tiene asociado un espacio muestral finito (Ω), la probabilidad es la función que asocia a cada suceso A (es decir, un subconjunto de Ω) un número P(A), llamado probabilidad de A, que cumple las siguientes propiedades:

1. La probabilidad de cualquier suceso A siempre es positiva o cero, es decir, $P(A) \geq 0$.
2. La probabilidad del suceso seguro es 1. Es decir, $P(\Omega) = 1$.
3. La probabilidad de la unión de un conjunto cualquiera de sucesos disjuntos, incompatibles, dos a dos es igual a la suma de las probabilidades de los sucesos. Es decir, $P(A \cup B \cup C) = P(A) + P(B) + P(C)$ con A, B y C disjuntos dos a dos.

De este modo, la definición axiomática establece que la Probabilidad mide la "facilidad" con que ocurre un suceso A, que siempre es positiva o cero y menor que 1. Entonces, se infiere que la suma de la probabilidad de ocurrencia de cada evento que conforma un espacio muestral debe sumar 1. Este modo de calcular la probabilidad encontró, como los precedentes, algunas críticas relacionadas con su rigidez axiomática ya que, en algunas ocasiones, posee dificultades para conciliar con la realidad.

En este breve recorrido histórico presentamos tres definiciones de Probabilidad: el cálculo mediante el cociente laplaciano, la observación de la estabilidad de frecuencias relativas y la definición axiomática. Pero respecto de su enseñanza y aprendizaje, ¿qué recorrido sería aconsejable seguir? En el inicio de la escolarización secundaria,[3] ante la dicotomía de aproximación, por Laplace o frecuencial, ¿qué sería aquello que favorecería el desarrollo de pensamientos estocásticos certeros en los estudiantes? Para tomar una decisión, sería conveniente que tengamos en cuenta los estudios realizados en el campo de la psicología. Piaget e Inhelder (1951) sostienen que antes de la etapa de las operaciones formales, a partir de los 12 años de edad, los niños/as no pueden comprender la Probabilidad en sentido laplaciano ni la

---

3   Consideramos que la construcción axiomática se dé sobre el final de la enseñanza secundaria, profundizándose en niveles de estudio superiores. Esto se debe a que la probabilidad axiomática posee una complejidad en su lenguaje y requiere un alto grado de abstracción, dado que el concepto contempla conocimientos previos como la noción de función.

ley de los grandes números, de modo que tampoco son capaces de realizar juicios probabilísticos. Sin embargo, nada dicen en relación a la aproximación empirista de la Probabilidad. Mientras que la visión piagetiana no recomienda la instrucción clásica (laplaciana) de la Probabilidad antes del inicio de la preadolescencia, los estudios recientes indican que es beneficiosa una incorporación continua y progresiva de las ideas estocásticas desde temprana edad. Fischbein y Gazit (1984) y Shaughnessy (1977) abonan la idea de una instrucción temprana adecuada, que requiere de una metodología experimental y heurística que evolucione hacia construcciones teóricas. Por lo que, dentro del aula, sería conveniente no focalizar solo en el aspecto determinista, sino proponer actividades para estudiar la incertidumbre. De modo que, para la comprensión del concepto de Probabilidad no deberíamos exponer a los estudiantes, en instancias iniciales, al análisis de fórmulas, sino que estas deben ser producto de un proceso de enseñanza. Puede ser conformado por considerar las ideas intuitivas, las conjeturas producto de la experimentación directa y la simulación de experimentos aleatorios que permitan brindar respuestas a problemas probabilísticos.

Al tener en cuenta las ideas intuitivas, podría surgir una variedad de dificultades en ese proceso de adquisición de la concepción de Probabilidad: la confianza en percepciones y experiencias intuitivas engañosas; la generalización de situaciones, sin atender a la particularidad de los hechos; y el abuso del lenguaje natural.

En relación al lenguaje, a partir de una ampliación de la propuesta de Bressan y Bressan (2008: 41), enumeramos en orden alfabético los vocablos que en castellano se asocian con diferentes situaciones azarosas (tabla 4).

Si consideramos que el pensamiento matemático es preciso y lógico, y que posee un lenguaje particular, esta característica, universal y homogeneizadora, afecta el pensamiento estocástico cuando el uso inadecuado del lenguaje no es tenido en cuenta ni trabajado en el aula. Creemos apropiado, en la etapa inicial del proceso de enseñanza de la Probabilidad, proponer situaciones que introduzcan el modelo probabilístico mediante la discusión del vocabulario específico a utilizar (Bruni y Silverman, 1986). De este modo, promovemos la argumentación sobre las implicaciones matemáticas de los usos del leguaje.

Además, realizar un análisis de esas palabras cotidianas a las que se les asigna múltiples usos, a veces contrarios a lo que los vocablos representan, permitirían construir y graduar el lenguaje particular probabilístico, logrando un lenguaje del azar:

Tabla 4: Vocablos probabilísticos cotidianos. Fuente: intervención sobre tabla Bressan y Bressan, 2008.

Acaecer	Empardar	Ocasional
Accidental	Empatar	Ocasional
A ciegas	Equiprobable	Paridad
Aceptable	Esperado	Plausible
Aleatorio	Eventual	Podría ocurrir
Aparente	Factible	Podría ser
A veces	Fortuito	Por casualidad
Azar	Frecuente	Por fortuna
Casual	Impensado	Por suerte
Casualidad	Imposible	Por ventura
Certeza	Imprevisible	Posible
Chance	Improbable	Presumible
Ciertamente	Incidental	Probabilidad
Común	Incierto	Probable
Contingente	Inconcebible	Raro
Creíble	Indeterminado	Razonable
De casualidad	Inesperado	Seguro
De ninguna manera	Inapropiado	Siempre posible
De rebote	Insólito	Similar
Descartable	Inusual	Sin intención
Desusado	Inverosímil	Sin querer
Difícil	Inviable	Verosímil
Duda	Nunca	Viable

- Imposible: no es factible que el suceso ocurra.
- Probable: suceso con algún grado de posibilidad de ocurrencia. Dentro estos grados puede encontrarse
  - Improbable: es muy difícil que el suceso se realice.
  - Equiprobable: sucesos con la misma posibilidad de ocurrencia.
  - Frecuente: suceso que es de común repetición.
- Certeza: conocimiento seguro y claro de la ocurrencia de un suceso.

Dijimos previamente que nuestras apreciaciones probabilísticas podrían también dificultar el desarrollo de pensamientos estocásticos. Nos referimos al concepto de probabilidad que usamos cotidianamente para pronosticar eventos futuros, el cual no se basa en observar y analizar la repetición de un suceso. Por eso, no es posible estimar el valor de la probabilidad de ocurrencia. Se trata de un pronóstico pensado en términos de expectativa hacia el resultado que obtendríamos al realizar un experimento aleatorio. Estas apreciaciones probabilísticas subjetivas toman en cuenta datos aislados de la experiencia de eventos pasados, de modo que el valor de verdad de la probabilidad depende exclusivamente de la persona y de sus vivencias. Este tipo de juicios puede llevar a la construcción de razonamientos estocásticos erróneos. Entonces, es necesario que tengamos una educación matemática para detenernos en analizar las propias concepciones y, así descubrir soluciones no evidentes a problemas cotidianos.

Figura 2: Construcción de la idea de Probabilidad. Fuente: elaboración propia.

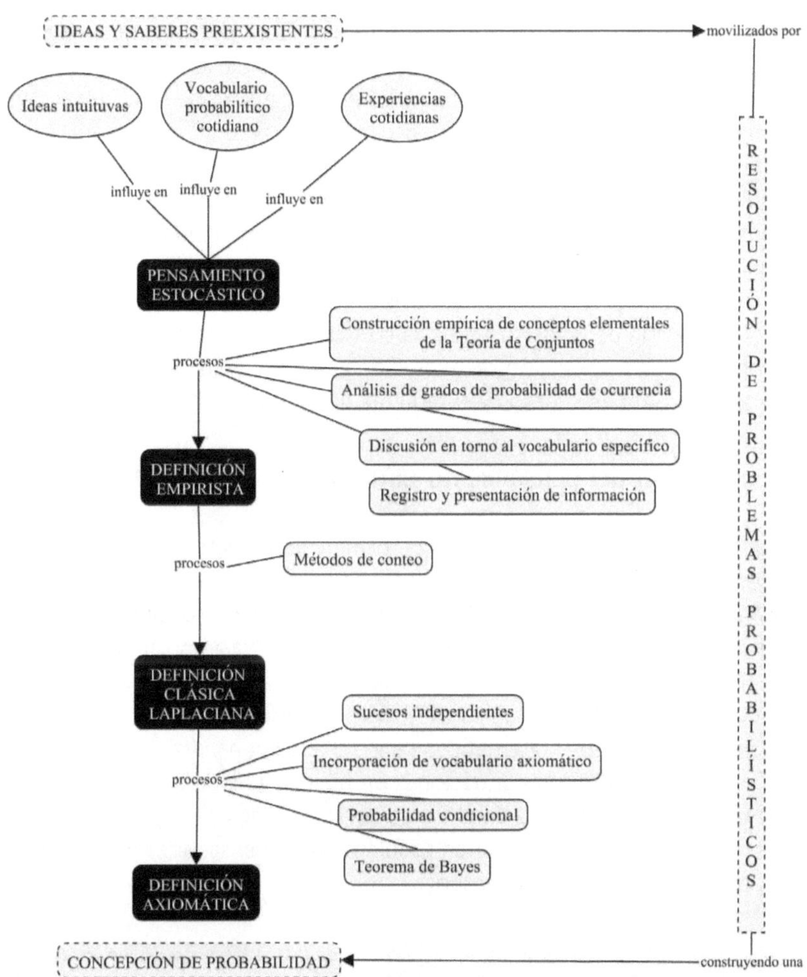

Para finalizar este apartado, compartimos un diagrama que resume cómo consideramos que puede desarrollarse el proceso de construcción de la idea de Probabilidad (figura 2). Proceso que se encuentra atravesado por la resolución de problemas probabilísticos (que implica la manipulación y experimentación con elementos y la conceptualización), desde su inicio, con la consideración de las ideas y saberes preexistentes (ideas intuitivas y vocabulario y experiencias probabilísticas cotidianas) hasta la conceptualización final. Los mojones que forman parte del proceso: pensamiento estocástico, definición empirista, definición clásica laplaciana y definición axiomática, son producto de tomar en consideración las definiciones que se construyeron en la historia de la matemática, estructuradas a partir de las recomendaciones de los campos de la psicología y de la didáctica. Consideramos que los fundamentos históricos, epistemológicos, psicológicos y didácticos de esta rama son aportes que visibilizan la matemática en su carácter de ciencia viva, en crecimiento, construida por las sociedades.

La propuesta de este diagrama implica poner en circulación saberes que consideramos esenciales, pero que no son únicos ni excluyentes. Tales como la construcción empírica de conceptos elementales de la Teoría de Conjuntos; el análisis de grados a ocurrencia de un evento (muy posible, poco posible, imposible, seguro); la discusión en torno a vocabulario específico; el registro y la presentación de la información; la construcción de métodos y técnicas de conteo; la incorporación de expresiones axiomáticas; el análisis de la dependencia o no de sucesos y el teorema de Bayes.

3. El ingreso del pensamiento estocástico. Un posible recorrido

La planificación sobre cómo realizar el ingreso de las teorías probabilísticas para su enseñanza y aprendizaje implica una revisión de sus fundamentos y la reflexión sobre algunas cuestiones iniciales tales como ¿qué problemas son potentes para que los estudiantes comprendan y se apropien de la definición de Probabilidad y sus propiedades?, ¿cómo iniciar su acercamiento?, ¿qué aspectos van a tratarse y cuáles no?, ¿qué relaciones pueden establecerse con los conocimientos matemáticos de los que disponen los estudiantes?

Compartiremos algunas situaciones problemas que fueron desarrolladas, implementadas y analizadas en el marco del trabajo de investigación de posgrado.[4] Son ejemplos que permiten problematizar la enseñanza y, a partir de allí, pensar otros posibles recorridos.

---

4   Para mayor detalle, se puede consultar: *Probabilidad: Una Ingeniería Didáctica para el desarrollo del pensamiento estocástico, en el primer año de la Enseñanza Secundaria. Aportes desde un estudio de caso* (Güerci, 2016).

Para la elaboración de las situaciones problemas tuvimos en cuenta aspectos relacionados con los fundamentos, que sostenemos como base para iniciar procesos de enseñanza y de aprendizaje de la Probabilidad. Esos fundamentos pueden sintetizarse del siguiente modo:

- La intuición probabilística no se desarrolla espontáneamente, excepto dentro de límites ceñidos (Fischbein y Gazit, 1984).
- El inicio con aproximaciones probabilísticas empiristas frecuenciales, que evolucionen hacia una postura más rígida, en donde las fórmulas sean una estrategia que resuma los modos de proceder precedentes.
- La Probabilidad surgió ligada al juego y a la manipulación de elementos.
- El uso inadecuado del lenguaje cotidiano y las apreciaciones probabilísticas subjetivas obstaculizan la estimación probabilística, si no son puestos en consideración.
- La realización de un camino desde lo concreto a lo abstracto, no es recomendable la incorporación temprana de definiciones y conceptualizaciones matemáticas (Díaz Godino *et al.*, 1988).

3.1. Hacia una definición empirista de Probabilidad

Definir es establecer con claridad y exactitud el significado que una comunidad le otorga a una palabra. Requiere designar unívocamente una conceptualización matemática (la enunciación de la definición no debe aplicarse a dos conceptos distintos); expresar las cualidades esenciales del tema implicado. Hay ciertas normas que estilan una definición. Por ejemplo, no utilizar en ella la misma palabra que se quiere esclarecer; por lo que no podríamos definir la Probabilidad matemática como aquello que evalúa la *probabilidad* (*sic.*) de que un hecho ocurra. Construir una definición en matemática requiere convenir dentro del aula sobre qué aceptaremos como enunciación válida y qué no. Proponer actividades que aboguen por la construcción compartida de la definición empirista de Probabilidad nos invita a pensar propuestas para el aula.

De un modo similar al planteo histórico, el inicio mediante juegos con reglas simples mediante, el uso de material concreto como monedas, dados, ruletas y otros elementos, es un posible modo de experimentar dentro y fuera del aula, en el camino de definir qué es la Probabilidad. Los juegos de azar permiten situaciones de experimentación, observación, recuento de la frecuencia con la que se repiten los hechos, y predicción de resultados. Si bien no explicitaremos al grupo de estudiantes la palabra: *frecuencias relativas*, sí podremos desarrollar con ellos su concepto.

Víctor Pavía (2009, en Brinnitzer *et al.*, 2015) define al juego como sustantivo, es decir como objeto estructurado con reglas, y como verbo, esto es como acción que considera la forma de jugar. Forma que requiere, según el autor, que el jugador se sienta atraído ante un desafío que presenta algo que se resiste pero que es posible de resolver. Así, el juego durará siempre que el sentimiento de desafío persista. Es interesante pensar la analogía entre el juego así definido y lo que entendemos por problema matemático. Este es una situación a resolver, que en un comienzo no se conoce en forma completa, para lo que se requiere de recopilar datos, tomar decisiones, buscar respuestas, probar distintas estrategias, experimentar, equivocarse y volver a empezar. Entonces, una situación planteada puede ser un problema para un grupo de estudiantes y no para otro, del mismo modo que un juego puede implicar un desafío para algunos y no para otros. El juego puede ser una fuente de problemas matemáticos.

Consideramos los juegos como instrumentos didácticos, recursos para el aula, cuando motivan el pensamiento matemático vinculado con un contenido a enseñar y favorecen el establecimiento de relaciones entre los jugadores Esto facilita la verbalización de las estrategias desplegadas por parte de los implicados, permitiéndonos identificar ideas previas y apreciaciones subjetivas en relación con los conceptos matemáticos.

Al igual que en cualquier otra actividad, jugar en la clase de matemática requiere de planificación y participación activa de nuestra parte. A modo de ejemplo, reflexionemos sobre estas preguntas: ¿cuánto tiempo dedicar a la experimentación libre con el juego?, ¿cuánto tiempo dedicar al juego reglado para que emerjan conjeturas y estrategias?, ¿en qué momentos intervenir?, ¿cuándo realizar puestas en común?, ¿qué cosas decir y cuáles callar momentáneamente? La posibilidad de anticipar respuestas a estos interrogantes en los momentos de planificación, nos clarificaría propósitos didácticos que llevan a la inclusión del juego en la clase de matemática.

3.1.1. Cara y ceca

Ya comentamos que recurrir a elementos manipulativos cotidianos, como las monedas, para analizar la posibilidad de prever un resultado puede ser una propuesta para iniciar el trabajo probabilístico potenciando razonamientos estocásticos. Proponemos experimentar con una moneda de un peso, reiterando lanzamientos y observando los resultados obtenidos (cuadro 1). Al tratarse de un evento azaroso, es esperable que las previsiones sobre los futuros tiros se vean condicionadas por los lanzamientos ya efectuados.

Además, puede ser una oportunidad para el surgimiento de un debate que problematice la equidad de posibilidad de ocurrencia.

Cuadro 1: Cara y ceca. Fuente: elaboración propia.

Si toman una moneda de un peso y la observan con atención podrán apreciar, si no está alterada, que de un lado tiene grabado el sol y del otro el Escudo Nacional o la representación del jacarandá y su flor respectivamente, si se trata de las nuevas monedas. Cuando arrojamos la moneda al aire y cae el sol (o el árbol de jacarandá) hacia arriba decimos que obtuvimos CARA, de lo contrario habrá resultado CECA. Lancen la moneda al aire diez veces y registren los resultados obtenidos.

1. ¿Cuántas caras obtuvieron? ¿y cecas?
2. ¿Creen que antes de lanzar nuevamente la moneda pueden decir con seguridad cuál será el próximo resultado? ¿Por qué?

Desde el punto de vista didáctico, nos detendremos primero en el análisis del enunciado. No estamos indicando el modo de representar la cantidad de caras y cecas obtenidas al realizar el experimento. Pretendemos que sean los estudiantes los responsables de tomar esta decisión de forma autónoma. Mostramos, a continuación, algunas maneras disímiles de registrar los resultados logrados al experimentar (figura 3).

Figura 3: Registros realizados por estudiantes. Fuente: elaboración propia.

CECA	CARA
XXXX	XXXXXX

CECA	CARA
1+1+1+1+1+1=6	1+1+1+1=4

Tiro	Cara	Ceca
1°	X	
2°		X
3°	X	
4°	X	
5°		X

Con la segunda pregunta: ¿Creen que antes de lanzar nuevamente la moneda pueden decir con seguridad cuál será el próximo resultado?, ¿por qué?, pretendemos generar un medio que posibilite reflexionar acerca de la idea de aleatoriedad y su relación con el cálculo de probabilidades. Que se debata acerca de una idea contraria a los pensamientos intuitivos: el azar no es acumulativo, es decir que el conocer el resultado del lanzamiento de una moneda (de cientos de lanzamientos) no nos permite anticipar qué obtendremos en el próximo lanzamiento, ni lo que se obtuvo en los anteriores. Nos puede parecer lógico suponer que, como son iguales las posibilidades de obtener cara o ceca (lo cual es correcto), estos sucesos se alternan con algún patrón, por ejemplo, "como obtuve dos caras, seguro que ahora obtendré dos cecas". Esto no es correcto porque estos sucesos se equiparan en la cantidad de veces que se obtiene cada lado de la moneda si es numerosa la cantidad de tiradas (Ley de los grandes números), pero no necesariamente con pocos casos. Un modo que tenemos de superar esta dificultad es reunir en un nuevo registro todos los lanzamientos realizados. Esto también abriría la discusión sobre a qué nos referimos con "grandes números de repeticiones de un hecho", identificamos así algunas de las problemáticas que históricamente se objetaron al cálculo empirista de la probabilidad.

En el momento de una puesta en común sobre lo producido, con intención de comparar y discutir diversas formas de resolución, podríamos formular preguntas como: ¿Todos utilizaron el mismo modo de registrar los resultados obtenidos? ¿Por qué? ¿Qué modos de registro, distintitos a los propuestos, consideran que se podrían incorporar? ¿Modificaron u ampliaron alguna respuesta luego de oír a sus compañeros? ¿Por qué? Así, propiciaríamos una autoevaluación, al decidir si es pertinente o no la modificación o mejora de las resoluciones y argumentos brindados. La verbalización de los procedimientos utilizados y las conclusiones halladas, no solo benefician el trabajo matemático, sino que también a nosotros como un modo de guiar los procesos de enseñanza.

3.1.2. El juego de la torre

La complejización gradual del trabajo de construcción de las nociones de frecuencia y probabilidad frecuencial se relaciona con las diferentes formas de representación de datos. En la propuesta presentada, optaron por la tabulación de los resultados. Ahora queremos estimular la construcción autónoma de gráficos de barras que muestren frecuencias relativas de un suceso. Recurrimos a un juego de reglas básicas supeditado a las leyes del azar e incorporamos a la manipulación de monedas el uso de bloques apilables (cuadro 2).

Cuadro 2: El juego de la torre. Fuente: elaboración propia.

<table>
<tr><td>

El juego de la torre

Materiales: para poder jugar usan una moneda y bloques apilables con los que forman torres. Reglas: dos participantes lanzan una moneda al aire. Si sale cara, el primer jugador toma un bloque, y si sale ceca el bloque lo agarra el segundo. Con las piezas logradas van formando cada uno su torre. Después de diez jugadas gana el que obtiene la torre más alta.

</td></tr>
</table>

La secuencia de trabajo que entregamos (cuadro 3) tiene tres instancias de producción. Podemos decidir si dejamos realizar todas o realizamos como un control después de cada interrogante.

Cuadro 3: El juego de la Torre. Fuente: elaboración propia.

1. Carolina y Federico jugaron al juego de la torre, y luego de 10 lanzamientos de moneda, las pilas de bloques quedaron conformadas del siguiente modo:

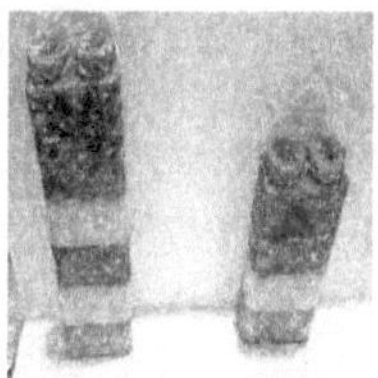

a. ¿Cuántas veces se obtuvieron ceca? ¿y cara?
b. ¿El escoger cara da mayor ventaja para ganar el juego? ¿Por qué?

2. Tomen los bloques apilables y la moneda y jueguen ustedes al juego inventado por Marcos y Carolina. Luego representen el resultado final.

3. Completen una tabla como la siguiente con los resultados obtenidos en los diferentes grupos:

Pareja de...	N° de caras	N° de cecas
.....................y.....................		
.....................y.....................		

a. ¿Cuántas veces ganaron los equipos de las caras? ¿y los de las cecas?
b. ¿Cuál es el número total de caras? ¿y el de cecas?
c. ¿Cuál es la diferencia entre el número total de caras y de cecas?
d. ¿Escoger cara da mayor ventaja para ganar el juego? ¿Por qué?

En una puesta en común al finalizar toda la actividad, también podemos preguntar sobre la forma de recopilar información en el ítem 2. Por ejemplo:

¿Todos los equipos utilizaron el mismo modo de registrar los resultados obtenidos? ¿Qué forma eligió cada grupo? ¿Consideran que alguna forma de representación es mejor que otra? ¿Por qué? Nuevamente, posibilitamos que se verbalicen discursos no científicos acerca de las nociones estocásticas, y se elaboren conclusiones basadas en las pruebas de hipótesis. Además, surge la necesidad de que cada integrante del grupo participe del proceso, de que todos comuniquen sus ideas y las pongan en funcionamiento en la interacción con el medio didáctico.

Asimismo, en el momento de puesta en común se registró un intercambio entre estudiantes (cuadro 4) que nos da una idea de cómo circulan nociones probabilísticas ligadas al uso cotidiano de vocabulario estocástico. No poder anticipar qué resultado se obtendrá al lanzar la moneda deja de ser un evento considerado *imposible* para transformarse en un hecho azaroso donde existen resultados posibles que son conocidos. La experimentación con las monedas provocó en los estudiantes la discusión sobre cuáles son los resultados posibles de lanzar la moneda, estos son los elementos que conforman el espacio muestral del problema probabilístico propuesto. De modo que estas nociones pueden ser construidas aún sin mencionarlas con su denominación matemática. Las ideas que circulan cimientan conceptos que, de no comprenderse, pueden ser tomados como arbitrarios e impuestos por la definición axiomática, como por ejemplo que la probabilidad de un suceso siempre es mayor a 0 y menor que 1.

Cuadro 4: Diálogo entre estudiantes. Fuente: elaboración propia.

Alumno 1: Es indistinto elegir cara o ceca porque siempre sale alguna de las dos.
Alumno 2: No, si primero sale ceca después sale cara y después ceca, y después dos veces cara.
Alumno 3: No, a nosotros no nos pasó eso. Da lo mismo porque al final cuando la moneda gira puede salir un lado o el otro, no importa…
Alumno 1: Claro, no importa. Porque nadie sabe que va a salir.
Alumno 4: Si, yo sé que va a salir.
Alumno 5: ¡Imposible!
Alumno 4: No es imposible, yo sé que o sale cara o sale ceca.
Alumno 1: ¡Que vivo! Obvio porque la moneda tiene solo eso. Pero decimos que no se puede decir con seguridad cuál de las dos sale, ¿entendés?
Alumno 2: Ah, entonces no importa si se elige cara o ceca para jugar, cualquiera gana.
Alumno 6: Sino el juego es re tramposo.
Alumno 1: Claro.

Si proponemos un intercambio de ideas y conjeturas previo a la resolución de la actividad 3, esta última actividad se presentaría luego como una continuación de la puesta en común. Construir la tabla en la que confluyen las diversas experimentaciones realizadas en el aula, es un modo de obtener un número lo suficientemente grande de experimentaciones para analizar la frecuencia con la que se obtienen caras y cecas al lanzar una moneda, sorteando la dificultad de iteración del lanzamiento. Analizar los datos recopilados en la tabla permite conocer el comportamiento promedio del suceso, y posibilita a los estudiantes conjeturar y describir cuál es la probabilidad de obtener cada lado de la moneda (una vez lanzada). Los interrogantes planteados: "¿Cuántas veces ganaron los equipos de las caras?, ¿y de las cecas? ¿Cuál es el número total de caras?, ¿y de cecas? ¿Cuál es la diferencia entre el número total de caras y de cecas? ¿Escoger cara da mayor ventaja para ganar el juego? ¿Por qué?" buscan que los estudiantes realicen generalizaciones mediante un acercamiento a la ley de los grandes números.

En forma adicional, podríamos estimular a los estudiantes a pensar en una situación lúdica cotidiana. Por ejemplo, el inicio de los partidos de fútbol, cuando el árbitro arroja una moneda al aire para determinar qué sector de la cancha ocupará cada equipo; habilitaría estas cuestiones: ¿Por qué les parece que para sortear cuál de los equipos puede elegir el arco o salir con la pelota, antes de comenzar un partido de fútbol, el árbitro les hace escoger a los capitanes un lado y otro de una moneda, y luego la arroja? ¿Tienen ambos capitanes la misma chance de ganar el sorteo? ¿Sería equivalente hacerles sacar a cada uno de los capitanes una ficha de una bolsa opaca, donde hay una ficha blanca y otra negra, y que ganara el que saque la negra?, ¿por qué? Esta situación nos desafía a interpretar probabilísticamente un suceso que nos resulta habitual y que nos ofrece conceptualizaciones matemáticas al respecto de las decisiones tomadas, si relacionamos las variables presentes en los cuestionamientos propuestos.

Finalmente, retomamos la reflexión sobre aquello que decimos y lo que callamos. Consideramos deseable que no explicitemos en las secuencias de actividades ni en el diálogo con los estudiantes, las expresiones: frecuencias relativas, espacio muestral y ley de los grandes números, aunque trabajemos sobre estos conceptos. La dificultad de las actividades no debe centrarse en la memorización de conceptos para su posterior aplicación en situaciones problemáticas, sino que la complejidad de la clase debe consistir en la construcción de los conceptos a través de la resolución empírica de problemas probabilísticos. En este sentido, es interesante promover el debate y la validación de las ideas y procedimientos desplegados, permitiendo que las situaciones de institucionalización[5] no se den necesariamente luego de

---

5   Se entiende por situación de institucionalización a aquellos momentos donde el profesor legitima el saber que debe ser aprendido otorgándole a determinados conocimientos el estado cultural indispensable de saberes.

cada actividad. En clases como las analizadas la no intervención constante del docente como validador del aprendizaje tiene una intención didáctica. Luego del estudio de nuevas problemáticas donde los estudiantes tengan que reutilizar lo abordado, el profesor institucionalizará los saberes.

3.2. Construir el lenguaje probabilístico. Buscando sentidos

Ya comentamos que analizar situaciones cotidianas puede ser un disparador del trabajo matemático. Podemos recurrir a noticias periodísticas de radio, televisión, diarios/revistas impresos y electrónicos (internacionales, nacionales, regionales, locales y escolares), programas de entretenimiento, conversaciones cotidianas, etcétera. Valorizamos el aporte de nuestro conocimiento cultural como fuente para la creación (o recreación) de propuestas de enseñanza. Seleccionamos, en este caso, un diálogo de una película en su versión española, en la que decidiremos si se realiza un uso adecuado del vocabulario estocástico (cuadro 5).[6]

Cuadro 5. Fuente: elaboración propia.

> "Lloyd: ¿Cuáles son las posibilidades de que un chico igual a ti y una chica como yo [sic] lleguen a tener una relación? [...]
>
> Mary: No son buenas.
>
> Lloyd: No son buenas del uno al cien, ¿cómo cuantas?
>
> Mary: Yo diría como de una en un millón.
>
> [Pausa]
>
> Lloyd: ¡Estás diciéndome que hay una!... ¡Sí!"

Tanto en la grabación, como en la transcripción presentada evidenciamos el uso de la palabra *posibilidad*. Su empleo y exposición por sobre la de *probabilidad* es una decisión didáctica nuestra, es intencional y la tomamos al momento de seleccionar el fragmento a analizar. Al evitar el uso del término especifico, buscamos no imponer un concepto que no se ha construido y además propiciar debates con relación al vocabulario cotidiano en donde subyacen conceptos probabilísticos que poseen los estudiantes. Si bien la conversación es graciosa, también nos invita a pensar qué significa tener una "*posibilidad*". Por eso, para que este fragmento de película se convierta en un recurso para la enseñanza, focalizamos la atención con una pregunta: ¿qué quiere decir que *exista una posibilidad*?

---

6   *Tonto y Retonto* (título original: *Dumb and Dumber*) es una producción fílmica estadounidense estrenada en el año 1994 y dirigida por los hermanos Farrelly.

En una de las clases donde utilizamos el fragmento de película, los equipos debatieron sobre qué quiere expresar Lloyd al celebrar la existencia de un posibilidad en un millón y produjeron las respuestas que mostramos (cuadro 6).

Cuadro 6. Fuente: elaboración propia.

> Equipo 1: Decir que exista una posibilidad quiere decir que hay una oportunidad de que sean novios, pero él cree que la posibilidad es 1 en 100, y ella le dice de 1 en 1 millón, o sea que es imposible que sean novios.
>
> Equipo 2: Que existe una posibilidad quiere decir que puede ser que pase.
>
> Equipo 3: Quiere decir que si se esfuerza pueden ser novios, puede pasar.

Las respuestas nos muestran que los estudiantes diferencian la *posibilidad* de la *certeza* de ocurrencia del suceso, aunque algunos relacionan que una probabilidad ínfima es equivalente a un hecho imposible. Por eso, para trabajar sobre estos sistemas de creencias arraigados, relacionados con las estimaciones probabilísticas subjetivas, podemos analizar situaciones en las que asignemos grados de posibilidad mediante las palabras: seguro, imposible, probable, muy probable, poco probable, improbable. Así, confrontaremos sistemas de creencias, generalmente de carácter determinista, con las posibilidades de ocurrencia de sucesos. Esta vez, utilizamos un artículo de una revista (cuadro 7).

Cuadro 7. Fuente: Capman y Morrison, 1994.

> En un artículo periodístico de la revista *Nature*, de 1994, Clark Chapman y David Morrison analizaron diferentes posibilidades de morir a causa de accidentes en Estados Unidos. Esta es la lista que elaboraron:
>
> Accidente automovilístico: 1 en 100
>
> Asesinato: 1 en 300
>
> Incendio: 1 en 800
>
> Accidente con armas de fuego: 1 en 2.500
>
> Electrocutado: 1 en 5.000
>
> Accidente aéreo: 1 en 25.000
>
> Comida en mal estado: 1 en 30.000
>
> Tornado 1 en 60.000
>
> Mordedura o picadura venenosa: 1 en 100.000
>
> Accidente con fuegos artificiales: 1 en 1.000.000
>
> Comida envenenada: 1 en 3.000.000
>
> Tomar agua contaminada: 1 en 10.000.000

A partir de la lectura de la lista, podemos formular diversos interrogantes, algunos relacionados con la construcción del concepto de Probabilidad y otros tendientes a la comparación cuantitativa de la probabilidad de ocurrencia de los eventos, como ¿qué significan las *posibilidades* que se muestran en la lista?, ¿en qué línea de la lista colocarían la posibilidad de que Mary se enamore de Lloyd?, ¿es correcto afirmar que Lloyd tiene mayores posibilidades de morir por un tornado a que Mary se enamore de él?, ¿por qué?, ¿entonces, es posible o imposible que Mary se enamore de Lloyd?

Sobre la cuestión de si era posible *asegurar* que Lloyd morirá a causa de un tornado antes que Mary se enamore de él, mostramos algunas respuestas (cuadro 8).

Cuadro 8. Fuente: elaboración propia.

Equipo 2: Es cierto decir que Lloyd morirá a causa de un tornado antes que Mary se enamore de él, porque ya vimos que es más posible que eso pase.
Equipo 4: No es cierto, porque son posibilidades no seguridades, es más fácil que pase lo del tornado pero tal vez Mary se enamore antes.
Equipo 5: No, porque es más posible pero no más seguro.

En las respuestas evidenciamos el modo en que la comparación de posibilidades repercute en la toma de decisiones. Por ello, deberíamos poner atención en este tipo de intervenciones y producciones puesto que da muestra del estado del proceso de construcción de la noción de azar, así como de la ausencia de patrones e impredecibilidad. En las respuestas compartidas, todos los equipos excepto el equipo 2 identificaron que, si bien hay mayor posibilidad en un suceso que en el otro, esto no determina que uno pase antes que el otro. Asimismo, el error en el equipo 2 nos abre a una nueva toma de decisiones, si debatimos sobre la respuesta, si la comparamos con otras sin anticipar cuál es la correcta, si proponemos nuevos interrogantes, etcétera, son algunas de las posibilidades que tenemos.

Hemos enfatizado en no apresurar momentos de definición conceptual, sino que estos sean el resultado del trabajo reflexivo y constructivo. Por lo que proponemos presentar la Probabilidad como una rama de la matemática, no como una mera fórmula y recuperar el vocabulario trabajado en las actividades. Reconocemos la necesidad de lograr definiciones conceptuales, pero estas deben ser producto de la resolución de problemas y del consenso dentro del aula, tal como la historia de la matemática muestra cómo sucede en el desarrollo de los conceptos. Así pueden proponerse a los estudiantes interrogantes tendientes a la conceptualización de los saberes. Un momento propicio para iniciar la conceptualización podría ser luego del trabajo empírico y de la reflexión sobre el vocabulario utilizado, de forma tal que el concepto adquiera sentido sin resultar extraño, ajeno o impuesto. Construir conceptos a partir de la recuperación de saberes que circularon en clases anteriores es necesario para llegar al uso posterior de un razonamiento lógico (Santaló, 1994) (cuadro 9).

Cuadro 9. Fuente: elaboración propia.

Para estudiar los hechos cuyo resultado no puede anticiparse los matemáticos han desarrollado una disciplina llamada *Probabilidad*.

Luego de lo trabajado en las clases anteriores:

a. ¿Cómo explicarían a una persona ajena al trabajo que realizaron en el aula qué es la Probabilidad?

b. ¿Qué significado tienen las siguientes palabras: seguro, imposible, probable, muy probable, poco probable, improbable?

c. ¿Qué recursos utilizaron para calcular la posibilidad de ocurrencia de los hechos de los diferentes problemas que resolvieron? Entonces, ¿cómo explicarían el modo de calcular la probabilidad de que ocurra un hecho?, ¿ese modo es único?

Como dijimos, conceptualizar implica explicar y comunicar las ideas matemáticas, reconociendo aquellos aspectos y estrategias que se mantuvieron invariables al resolver diversas problemáticas. La formalización del concepto de Probabilidad y su cálculo mediante el recuento de frecuencias puede ser logrado por los estudiantes luego de interactuar y probar estrategias (que podrían incluso fallar), descubrir regularidades, buscar isomorfismos y analizar representaciones, identificar los modos de proceder más económicos. En ese recorrido, estaremos atentos a requerir justificaciones mediante argumentos teóricos de las decisiones tomadas en las actividades propuestas, pudiendo ser recopiladas en breves frases en la carpeta de los estudiantes para luego ser recuperadas en momentos de formalización.

Definir términos implica el uso de palabras que expliquen y describan en forma acabada aquello que referencia el término. En el caso de la Probabilidad se debe de tener la cautela de no establecer definiciones circundantes, y evitar así las críticas que sufrió la definición de Laplace, así como también esclarecer y establecer relaciones con los términos utilizados en el cotidiano. Resulta interesante analizar con los estudiantes definiciones como "una Probabilidad mide la probabilidad con la que puede ocurrir un hecho" y preguntarnos ¿tiene sentido definir la Probabilidad utilizando el término "probabilidad"? ¿este tipo de definición explica en forma acaba el significado del término? Proponer estos interrogantes en clase puede colaborar con la creación de criterios de validación de las definiciones propuestas. Resulta incluso desafiante interrogarse acerca de qué podría modificarse o cómo podrían desarrollarse de otro modo las definiciones propuestas para que resulten acabadas para el grupo de estudiantes, es decir, establecer conceptualizaciones consensuadas. Por ejemplo, trabajando sobre la definición propuesta e intercambiando opiniones sobre su validez, un grupo de estudiantes propuso modificaciones ampliatorias recurriendo a lo que denominaron *sinónimos de la vida cotidiana* (cuadro 10).

Cuadro 10. Fuente: elaboración propia.

<table>
<tr><td>

[En el pizarrón el Alumno 3 escribió: "Una Probabilidad mide la probabilidad con la que puede ocurrir un hecho"]

Alumno 1: La definición que dijiste está mal, porque no podés explicar la probabilidad diciendo que es una probabilidad. Es como decir que un chiringolo es un chiringolo.

Alumno 2: ¿Y qué es un chiringolo?

Alumno 1: Nada, no sé. Lo inventé. Es un ejemplo, no se puede explicar qué es algo usando esa misma palabra. ¿Entendés?

Alumno 3: Sí. Pero… ¿entonces? ¿Qué es la Probabilidad?

Docente: Tengo una propuesta: ¿pueden modificar la definición que formularon y copiaron en el pizarrón para definir qué es la Probabilidad?

Alumno 3: Es una parte de la matemática.

Alumno 4: Cómo la Geometría.

Alumno 2: Pero no es para lo mismo que la Geometría.

[En simultáneo, el Alumno 1 mira a su docente, va hacia el pizarrón y toma el fibrón]

Alumno 1: Voy arreglando acá. [Debajo de la definición anterior anota: "La Probabilidad es una parte de la matemática que", detiene la escritura y mira a sus compañeros].

Alumno 5: ¡Cambiemos lo que estaba mal! Lo que se repite.

Alumno 6: Con un sinónimo que entendamos, de la vida cotidiana.

Alumno 7: Cuando tiramos las monedas anotamos las posibilidades de sacar cara o ceca.

Alumno 1: ¡Eso! [Retoma la escritura: "calcula la posibilidad de que pase un hecho"]. ¿Así?

Alumno 2: "La Probabilidad es una parte de la matemática que calcula la posibilidad de que pase un hecho". Me gusta. Chiringolo.

</td></tr>
</table>

Como dijimos, definir implica convenir, acordar, y es deseable que esos acuerdos sean producto de la reflexión del trabajo matemático. Una vez logrado un acuerdo válido matemáticamente, el docente podría realizar interrogantes tendientes a la profundización de los conceptos, tales como los propuestos en el ítem c de la actividad anterior: ¿qué recursos utilizaron para calcular la posibilidad de ocurrencia de los hechos de los diferentes problemas que resolvieron? Entonces, ¿cómo explicarían el modo de calcular la probabilidad de que ocurra un hecho?, ¿ese modo es único? Definir la Probabilidad como una rama de la matemática es correcto, pero resulta incompleto para los saberes que deseamos que se construyan en la escuela secundaria. Consultar sobre los modos de calcular abre espacio a intercambios entorno a aquellos modos de proceder que resultaron recurrentes en los problemas resueltos, favoreciendo la aparición de diversos modos de calcular: divisiones, recuento de frecuencias, entre otros. Proponemos un trabajo empírico por lo que es esperable que entre los modos de calcular la probabilidad de ocurrencia de un suceso se remita a la reiteración de un hecho experimental y a la observación y el registro de aquellos casos que resultan favorables. Es necesario debatir acerca de la economía y la conveniencia de ese modo de calcular para visualizar sus limitaciones. Esto puede ser un camino que inicie posteriores recorridos tendientes a introducir escrituras simbólicas y la construcción de la definición axiomática.

3.3. De la intuición al razonamiento probabilístico

Existen variadas situaciones cotidianas a las que podemos recurrir para contrastar nuestras intuiciones o apreciaciones con respecto a un razonamiento probabilístico matemático, aunque no por ello rígido o estructurado.

Un problema popular que desafía nuestra intuición es el *Problema de Monty Hall*. El problema está rodeado de anécdotas, una de las más actuales indica que las palomas son más inteligentes que los seres humanos. En el año 2010 los científicos Herbrason y Schroeder realizaron un simulador del Problema de Monty Hall, enfrentando seres humanos y palomas. Lo llamativo es que, dentro del conjunto de los humanos, el 66% logró tomar la mejor decisión frente al dilema propuesto por el juego, mientras que el 96% de las palomas lograron la mejor opción. Desde entonces, algunos científicos bromean diciendo que las palomas son más inteligentes que los seres humanos. Para nosotros, queda en evidencia cómo influyen las concepciones previas en las decisiones que tomamos las personas.

Proponemos leer un enunciado del problema, resolverlo y luego reflexionemos sobre cómo transformarlo en un recurso para la enseñanza (cuadro 11).

Cuadro 11. Fuente: elaboración propia.

<table><tr><td>

Imagina que estás concursando en un *show* televisivo. Debes elegir por una puerta entre tres iguales y cerradas. El premio consiste en llevarte lo que se encuentra detrás de la elegida. Se sabe con certeza que tras una de ellas se oculta un automóvil, y tras las otras dos hay cabras.

¿Ya elegiste? Bien, una vez que le comunicas tu elección al conductor del programa, que sabe lo que hay detrás de cada puerta, abrirá una de las otras dos en la que haya una cabra. Esta acción ya es conocida por vos (como una regla del juego). A continuación, el conductor te da la opción de mantener tu elección o cambiar de puerta (ahora tus opciones son dos, una puerta la acaban de abrir). Para conseguir mayores oportunidades de ganar el automóvil, ¿qué harías?, ¿mantendrías tu elección original o escogerías la otra puerta?, ¿hay alguna diferencia?

</td></tr></table>

Marilyn vos Savant, famosa por ingresar el *Libro Guinness de los Récords* por ser la persona con más alto coeficiente intelectual, posee desde el año 1986 una columna periodística en la revista *Parade* titulada *Pregúntale a Marilyn*. ¿Por qué traemos a Marilyn aquí? En septiembre de 1990 su columna salió en 350 diarios estadounidenses. ¿El motivo? Un lector le había pedido su opinión sobre el juego de las puertas del programa televisivo de Monty Hall. A partir de allí el juego se transformó en un problema. Sobre todo, porque la comunidad de lectores y algunos docentes expertos en Probabilidad no estaban de acuerdo con la opinión correctamente fundamentada de Marilyn. Algunos hasta le pidieron que se retractase. Por suerte, vos Savant optó por volver a explicar el juego en una columna publicada el 2 de diciembre del mismo año, y lo siguió haciendo con el correr de los años en más de 100 artículos. Pero antes de develar la solución por ella propuesta, analicemos las nuestras.

Un modo de iniciar la resolución del problema es imaginarnos en el programa televisivo, visualizamos las puertas, incluso las numeramos: 1, 2 y 3, sentimos el vértigo de estar a punto de ganar un automóvil 0 Km. Imaginariamente, elegimos una puerta, supongamos que es la 2 (pero podría ser otra), ¿cuál es la probabilidad de ganar el rodado? Por el momento es de 1 entre 3, pues hay un solo automóvil y tres puertas. Es decir que la posibilidad de ganar es de 0,33 aproximadamente. Luego, le indicamos al presentador nuestra elección; él abrirá una puerta que contiene detrás una cabra, supongamos que será la 1, y entonces nos hará su pregunta: ¿deseas cambiar tu elección? Recordemos, nosotros escogimos la puerta 2, no sabemos que hay allí, y el presentador nos acaba de mostrar que tras la puerta 1 hay una cabra. En este momento, tenemos dos puertas cerradas frente a nosotros, la 2 (que elegimos al iniciar el juego) y la 3, ¿cuáles son ahora tus posibilidades de ganar el auto?, ¿te conviene cambiar de puerta?, ¿es indistinto?

Pensamientos probabilísticos subjetivos llevan a creer que las posibilidades de ganar ya no son de 1 entre 3 como al inicio del juego, sino de 1 entre 2, puesto que hay dos puertas entre las cuales elegir y, que por lo tanto es indistinto cambiar o no cambiar. Esto es lo que en el cotidiano conocemos como: "50 y 50", es decir, que las probabilidades de ocurrir entre dos sucesos son exactamente iguales. Parecería ser una estimación estocástica correcta, sin embargo, no lo es. El problema de Monty Hall desafía nuestra intuición.

Revisemos nuevamente los razonamientos que hasta aquí realizamos: al iniciar el juego encontramos tres puertas iguales y cerradas, solo detrás de una de ellas hay un automóvil, el cual deseamos encontrar. Las posibilidades de elegir inicialmente la puerta que esconde el rodado es 1 entre 3 o 0,33. El rol del presentador pasa desapercibido, sin embargo, hay tres detalles que no deben pasarse por alto: el presentador *siempre* abrirá una puerta, la puerta la abrirá *después* de la elección del concursante, y *siempre* descubrirá una *cabra*.

Tener en cuenta estas acciones del presentador nos lleva a sumar una nueva pregunta: ¿cuáles son las chances que tenemos de perder? Siguiendo el análisis, podemos decir que las posibilidades de escoger una cabra son 2 entre 3 o 0,66 (hay dos cabras y 3 puertas). Es decir que al hacer la opción inicial la posibilidad de que se halla elegido el rodado es de 0,33 mientras que una cabra esté detrás de nuestra puerta es de 0,66. Esto no se modificará aun cuando el presentador muestre una cabra, dado que cuando nosotros escogimos había tres puertas cerradas y no dos. Este es el nudo del problema, en la elección inicial siempre son menores las posibilidades de elegir el automóvil. Que el presentador abra la puerta de una de las cabras busca engañar nuestra percepción, para hacernos creer que tenemos un 0,5 de posibilidad de tener el auto tras tu puerta, aunque esa probabilidad siga siendo de 0,33. El único modo de tener "50 y 50" sería escoger inicialmente entre dos puertas. Por lo que, al jugador siempre le conviene cambiar para aumentar sus posibilidades de conseguir el auto.

La justificación precedente puede no ser suficiente para personas muy arraigadas a sus supuestos o que recurran a establecer analogías con experiencias previas similares. Si bien logramos comprender el hilo del razonamiento, las apreciaciones subjetivas son fuertes y no permiten convencernos con la respuesta obtenida, sobre todo porque se opone a una lógica propia. Porque, tal como hemos señalado, la confianza en percepciones engañosas y la generalización de situaciones no permiten atender a la particularidad de los hechos Por lo que, si decidimos utilizar este problema como recurso de enseñanza, debemos prever esto y proponer otras instancias de resolución que superen la réplica de los debates ya dados. Simular o experimentar el juego entre los estudiantes es un modo de resolver el problema. Recurrir a insumos tecnológicos es otro camino posible.

Una experimentación puede consistir en montar en el pizarrón tres puertas de cartulina, que el docente oficie de presentador y por lo tanto como coordinador del juego, colocará la imagen de un auto detrás de una puerta y las cabras en las otras dos. Supongamos que la primera de las puertas contiene el automóvil y las siguientes a las cabras. Por ejemplo, si un estudiante eligiera la puerta 1, el docente descubrirá la 2 (o la tres, es indistinto); si el estudiante decidiera cambiar su elección, obtendrá en la puerta 3 una cabra, pero si mantuviera la puerta, ganaría el auto. Este no es el único escenario posible: el estudiante podría haber escogido la puerta 2, y el docente destapado la 3; si el estudiante cambiase ganaría el auto y si se quedase con su elección inicial se llevaría la cabra. Queda un tercer escenario: que el estudiante optase por la última de las puertas y el docente liberase a la cabra de la puerta 2, en ese caso si el estudiante cambiara de puerta se llevaría el auto y si mantuviera la elección inicial, lo perdería. Esta narración, que parece compleja de recordar, puede registrarse en forma de diagrama a medida que se desarrolla la simulación del juego dentro del aula y, obteniendo un resumen.

Figura 4: Diagrama del Problema de Monty Hall. Fuente: elaboración propia.

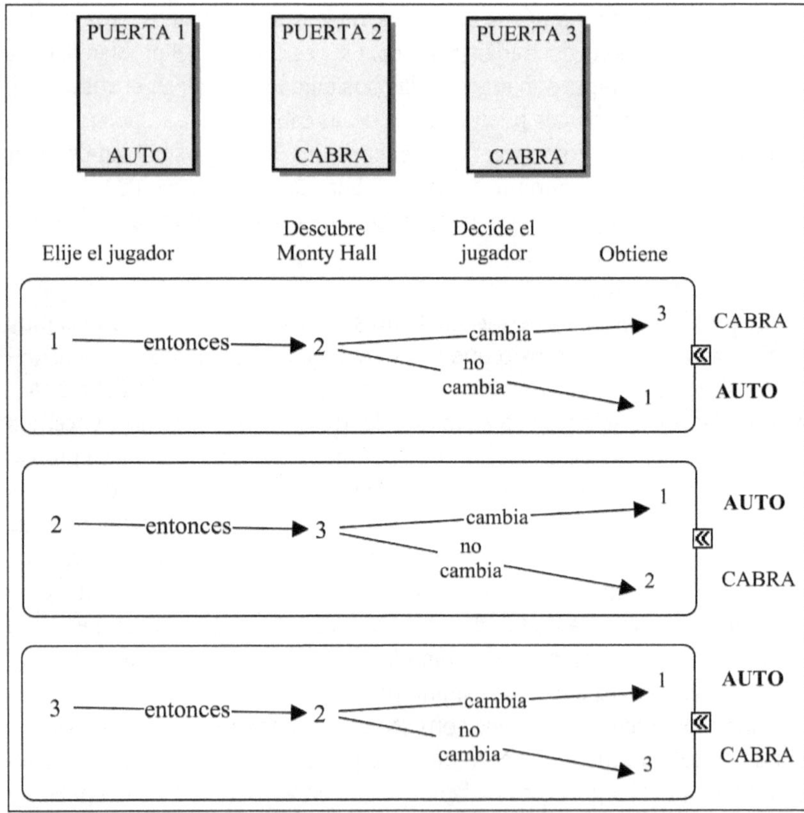

En el diagrama queda en claro que en 2 de los 3 casos en los que se opta por cambiar de puerta se gana el automóvil, mientras que solo en una de las tres situaciones en las que el jugador no cambia de puerta se lleva el rodado. Esto muestra que se tienen mayores posibilidades de ganar al cambiar la elección inicial. Al observar el diagrama, podrían surgir nuevos interrogantes: ¿cuáles son las posibilidades de ganar el automóvil al cambiar la puerta?, ¿y si el jugador decide no cambiar? Como se gana el auto en 2 de

3 casos en los que se cambia la puerta, las posibilidades de ganar al cambiar la elección original son de 2/3, mientras que las de ganar sin modificar la elección son de 1/3.

Volvemos ahora sobre la propuesta que Marilyn vos Savant escribió para los lectores que no estaban satisfechos con su primera explicación porque ese texto se basaba en una idea similar a la del diagrama anterior. Entonces, en su segunda columna propuso a sus seguidores que probaran algún método para analizar qué sucedía en los diversos casos según se eligiera cambiar o no de puerta. Su estrategia consistía en enumerar todos los resultados posibles del juego, como método para esclarecer los motivos por lo que aumentaban las posibilidades de ganar el automóvil al cambiar de puerta. La táctica indicaba que durante las primeras tres rondas el lector debía escoger la primera puerta y cambiarla cada vez que el conductor televisivo le hacía la pregunta en cuestión. Luego, durante las siguientes tres rondas debía seleccionar la primera puerta, pero sin cambiar su opción. Eligió presentar los resultados obtenidos en una tabla (tabla 5).

Tabla 5: Propuesta de Marilyn vos Savant Cuadro 10. Fuente: Vos Savant, 1991.

N° de ronda	Puerta 1	Puerta 2	Puerta 3	Resultado
1	(auto)	(cabra)	(cabra)	Cambia y pierde
2	(cabra)	(auto)	(cabra)	Cambia y gana
3	(cabra)	(cabra)	(auto)	Cambia y gana
4	(auto)	(cabra)	(cabra)	No cambia y gana
5	(cabra)	(auto)	(cabra)	No cambia y pierde
6	(cabra)	(cabra)	(auto)	No cambia y pierde

¿Qué nos aporta la tabla publicada en la columna de Marilyn? Ella tuvo un accionar didáctico, puesto que lejos de fastidiarse con sus lectores por no comprender su primera explicación, buscó caminos alternativos, los invitó a pensar relaciones. Se realizó una *lectura* (que en el aula sería *escucha*) atenta, tanto por quienes leen (oyen) la explicación como de quién explica. Acompañada de momentos de preguntas, repreguntas y réplicas. De un modo análogo al entono escolar, donde estudiantes y docentes toman el lugar de Marilyn y lectores alternadamente. Esto nos remite a que seamos lo suficientemente flexibles en las formas en las que proponemos los problemas, para que los estudiantes encuentren un espacio para la generación de estrategias propias de representación de sus conjeturas.

Nos parece enriquecedor compartir diversos recorridos matemáticos que resuelven un problema, a modo de una reflexión compartida. Por eso, la construcción de representaciones propias requiere desentrañar y comprender las relaciones implicadas para que un suceso ocurra o no. De este modo, la producción y lectura de representaciones (tablas, gráficos, diagramas) posibilita la producción de conocimiento probabilístico.

Proponemos que se pueden modificar los elementos de este problema: cajas (en lugar de puertas) y caramelos-esferas de telgopor (como los objetos escondidos), porque en definitiva no se trata de ganar un automóvil, sino de reflexionar sobre los modos de tomar decisiones estocásticas certeras. También podemos incorporar otras preguntas: ¿qué sucede si agregamos una puerta con una esfera?, ¿y si agregamos otra puerta con caramelos?, ¿hay alguna cantidad de puertas, cabras y autos que haga equiprobable el juego al cambiar o no cambiar?, ¿por qué? Son posibles interrogantes para transformar en recurso didáctico un juego de un programa televiso que se mantuvo vigente entre los años 1963 y 1986.

3.4. Un problema histórico en aulas actuales

Hemos recurrido a la historia de la matemática para fundamentar el origen de la Probabilidad, su desarrollo, su relación con el uso de ciertas palabras e ideas estocásticas instaladas en el cotidiano. Es el momento de reflexionar sobre cómo incorporar un problema fundante de la historia probabilística en una clase. Nos resulta corriente escuchar y leer que es deseable concebir la matemática como objeto de la cultura que fue evolucionando a lo largo de la historia. Pero, creemos que esto no se logra enseñando historia de la matemática como un subcampo de la propia matemática, sino recurriendo a la historia como instrumento didáctico, pues nos posibilita comprender en profundidad los ejes de la matemática y explicar, a partir de ellos, muchos de los fenómenos que ocurren a su alrededor (Güerci, 2017).

En relación con la enseñanza de la Probabilidad proponemos recurrir a una generalización del problema formulado en Venecia en el año 1494 por Pacioli (García Cruz, 2000) y pensarla como un instrumento didáctico (cuadro 12).

Cuadro 12: Generalización del problema de Pacioli. Fuente: elaboración propia.

> Si en un juego la victoria se obtiene cuando uno de dos jugadores alcanza primero puntos, pero el juego se interrumpe cuando ellos han alcanzado respectivamente y puntos, ¿cómo se debe dividir la apuesta entre ellos?

Este problema de Pacioli, además de contextualizar históricamente los conocimientos probabilísticos, coloca en primer plano los desafíos que enfrentaron los antiguos matemáticos, por lo que lo consideramos relevante en la construcción de secuencias didácticas. Sobre esa base surgen los primeros interrogantes: ¿cómo incorporarlo en la enseñanza?, ¿requiere modificaciones el enunciado para implementación o así puede ser un problema genuino?, ¿podríamos recrear la situación narrada por Pacioli?, ¿podría algún juego simular la situación? Hemos dicho que en la actualidad el problema del reparto de la apuesta de Pacioli se resuelve recurriendo a exponentes del desarrollo binomial del triángulo de Pascal, sin embargo, sostenemos que puede resolverse mediante razonamientos estocásticos de personas que se están iniciando en el estudio de la Probabilidad. Por ejemplo, elegimos modificar el enunciado inicial para incorporar valores numéricos que faciliten la experimentación empírica y el cálculo (cuadro 13).

Cuadro 13: Reversión del problema de Pacioli. Fuente: elaboración propia.

> Dos jugadores participan de un juego. Cada uno coloca sobre la mesa 250 pesos. Acuerdan que el primero que consiga 100 puntos gana toda la apuesta. El ganador de cada turno se lleva 10 puntos. Por algún motivo, que desconocemos, el juego debe interrumpirse cuando un jugador tiene 90 puntos y el otro 80. ¿Cómo debe repartirse la apuesta inicial? Justifiquen su propuesta de reparto.

Con este enunciado, nuevas preguntas podrían surgir por parte de los resolutores puesto que no conocen las reglas del juego: ¿incluye dados u otro elemento azaroso?, ¿sus elementos estarán trucados para favorecer a algún jugador?, ¿es indistinto ser el primero en jugar? Debemos aclarar que se trata de un juego de azar equilibrado, es decir, que no hay trucos ni trampas, no importa quién empiece a jugar y aseguramos la equidad del juego. Además, podemos garantizar que si bien no conocemos de qué juego se trata, esto no modifica el problema ni su resolución, ¡incluso puede tratarse de un juego aleatorio aún no inventado! Lo relevante es proponer al menos una resolución posible al problema del reparto de la apuesta.

Por lo general, quienes se enfrentan a este tipo de problemas piensan, tal como Pacioli, que el reparto debe ser proporcional a los puntos ganados, centrándose en lo ocurrido. Dado que hay 500 pesos en juego cuando se logran los 100 puntos, puede inferirse que cada punto equivale a 5 pesos, es decir, que por cada jugada ganada se obtienen 50 pesos (concuerda con que la mano ganada suma 10 puntos). Por lo que, el jugador de 90 puntos debería llevarse 450 pesos (equivale a 90 puntos por 5 pesos o bien, 9 jugadas de 50 pesos cada una). De forma similar, el jugador que logró 80 puntos se llevaría 400 pesos. Estas explicaciones se relacionan con la simbolización de razones proporcionales: $\dfrac{500\ pesos}{100\ puntos} = \dfrac{¿?\ pesos}{90\ puntos}$

La única forma de mantener la igualdad de las razones es que el numerador desconocido sea igual a 450 y que en el caso del otro jugador sea 400. Pero, ¿cuánto suman los premios calculados para cada jugador? Suman un total de 850 pesos, ¡sin embargo sobre la mesa hay 500! ¿Dónde está el error? Podría ser considerar que por cada jugada ganada se obtiene dinero, y en realidad, solo se logra el monto de 500 pesos al llegar a sumar 100 puntos, y no en las sumas parciales. Nos surgirían estos interrogantes: ¿es justo que cada uno se lleve la plata que colocó al iniciar el juego?, ¿debe ganar más el jugador que tiene más puntos?, y en ese caso, ¿cuánto más ganaría?, ¿le asignamos 450 pesos a uno y 50 al otro? Entregar a cada jugador el monto inicial supone que el juego no transcurrió, desconociendo las jugadas realizadas. Repartir el dinero arbitrariamente no respeta ningún razonamiento lógico. Entonces, para saber cuánto dinero le corresponde a cada jugador sería conveniente analizar qué hubiera sucedido si continuaba el juego.

Si se hubiera jugado un turno más, podría haber sido igualmente posible que lo ganase tanto un jugador como el otro. En caso de que ganase el primero, la puntuación hubiese sido 100 a 80, siendo ganador el primero. Si hubiese ganado el otro, sucedería un empate momentáneo. Por lo que, en ambos casos el primer jugador se aseguraba, cómo mínimo la mitad del premio, 250 pesos. Continuemos pensando qué hubiera sucedido en caso de empate. Supongamos una jugada más, otra vez las posibilidades de ganar son equitativas y, como los jugadores tienen la misma cantidad de puntos, puede suceder que cualquiera de los dos gane. Llegado este punto de suposiciones, sería conveniente que armáramos un diagrama para representar las situaciones que pensamos (figura 5). La construcción del diagrama tiene, desde el punto de visto didáctico, distintos propósitos: organizar los razonamientos, facilitar el recuento sistemático de todas las posibilidades de ganar el juego y repartir la apuesta y, hacer operativo el cálculo de la probabilidad de cada suceso.

Figura 5: Reparto de la apuesta. Fuente: elaboración propia.

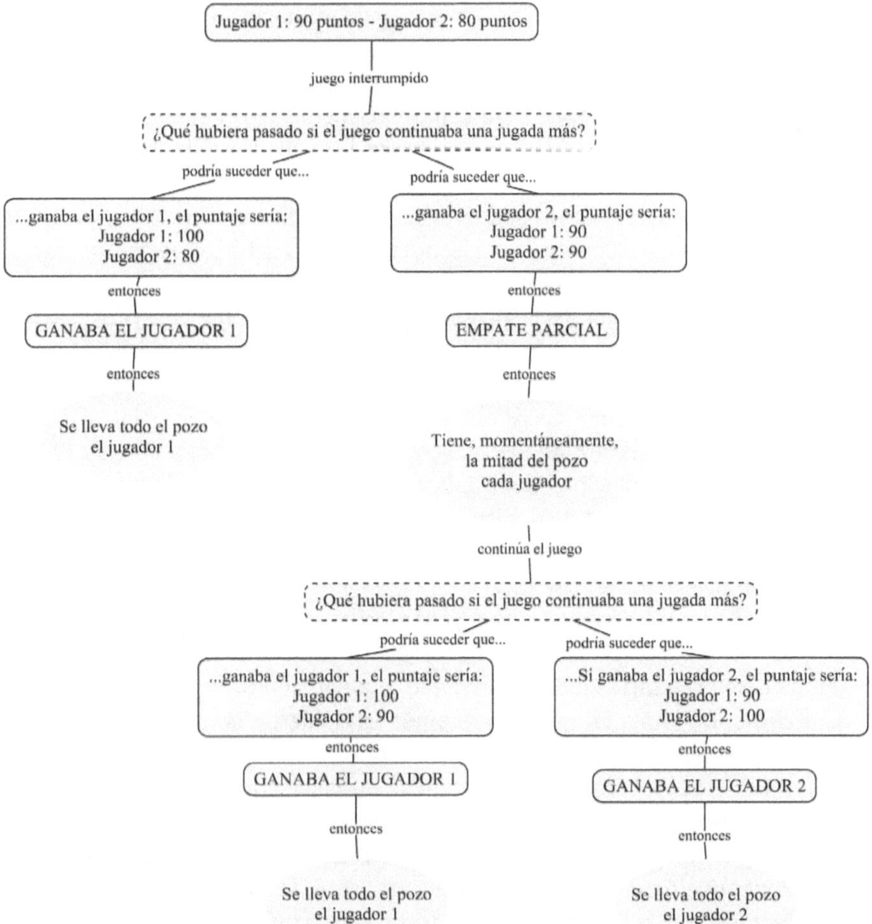

Así, por ejemplo, para conocer la probabilidad de que gane el jugador 2, debemos comenzar a recorrer el diagrama desde el inicio (cuando el juego va 90 a 80 puntos) y observar que deben darse dos eventos que no se condicionan mutuamente. El empate, para la cual hay un medio de posibilidad y luego una jugada ganadora a favor del segundo jugador, que también tiene un medio de posibilidad de ocurrencia. Esto se trata de aplicar la ley multiplicativa para eventos independientes: P(GaneJugador2) = P(Empate) y P(GaneManoJugador2) = ½ . ½ = ¼. En forma similar, la probabilidad de que gane el Jugador 1 requiere que: gane en la mano siguiente (½ de posibilidad) o en caso contrario, que lo empate el Jugador 2 y luego le gane el 1. Lo que combina dos eventos diferentes, ganar en una mano o en dos, requiriendo de la ley aditiva: P(GaneJugador1) = P(GaneManoJugador1) + P(Empate) y P(GaneManoJugador1) = ½ + ½ . ½ = ¾.

Además, creemos que este tipo de diagramas dotan de sentido expresiones de cálculo de probabilidad como: P(GaneJugador2) = ½ . ½ = ¼ y P(GaneJugador1) = ½ + ½ . ½ = ¾, en las que subyace en forma implícita el conocimiento de la relación entre los eventos: unión e intersección y de las leyes aditiva y multiplicativa para eventos independientes. Nociones que se evidencian y pueden construirse al recorrer las ramas del árbol para visibilizar la distribución de las posibilidades de ganar de cada jugador.

Finalmente, después del análisis de todos los sucesos (jugadas) posibles, el jugador 2 solo tiene oportunidad de ganar una vez entre cuatro posibles escenarios. Así le corresponde la cuarta parte del premio total. Por lo que, la respuesta al interrogante inicial es: de detenerse el juego cuando un jugador tiene 90 puntos y el otro 80, debería entregarse 375 pesos al primero y 125 al segundo. La resolución construida se basa fuertemente en el desarrollo del pensamiento estocástico, reconociendo la equiprobabilidad del suceso. Construir y recorrer el diagrama de relaciones busca nuevamente, un acercamiento reflexivo y con sentido a los conceptos probabilísticos, de modo que estos no sean extraños para quiénes los usan.

Los razonamientos estocásticos realizados sobre la base de la construcción de un diagrama como el presentado, podrían abreviarse en expresiones sintéticas. De forma tal que frases como: "si hubiera sido posible jugar un turno más, podría haber sido igualmente posible que gane la jugada tanto un jugador como el otro", puede resumirse en: P(GanarJugada) = ½. De este modo, constituimos un nuevo diagrama, que conocemos como *diagrama de árbol* (figura 6). En el diagrama de árbol se busca abreviar la información y relaciones que se quieren representar, en este caso, los nodos (representados con rectángulos de puntas redondeadas) muestran los puntos obtenidos por los jugadores 1 y 2 respectivamente, y las ramas contienen las probabilidades de ocurrencia del suceso representado en el nodo siguiente. Por ejemplo, el recorrido por las ramas superiores del diagrama de árbol se interpreta del siguiente modo: en el juego se encuentra el jugador 1 con 90 puntos y el jugador 2 con 80 (nodo: 90:80), en el caso de jugar un turno más era igualmente posible que gane la jugada tanto un jugador como el otro (rama: ½), pudiendo suceder que el jugador 1 gane el juego con 100 puntos, y el jugador 2 mantenga los 80.

Figura 6: Diagrama de árbol, reparto de apuesta. Fuente: elaboración propia.

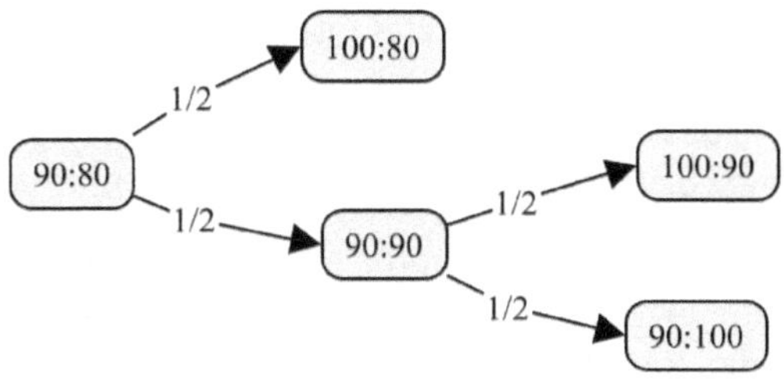

Referencia: Puntos del jugador 1 : Puntos del jugador 2

Llegamos a la respuesta del problema que planteamos, pero consideramos que no es el final porque otros nuevos interrogantes surgirían. Por ejemplo, ¿a quién le convino la interrupción del juego?, ¿por qué?, ¿qué hubiera sucedido si el juego se detenía en el momento del empate?, ¿hay algún momento en el que se interrumpa el juego que haga equitativo el reparto del dinero? Y, respecto de la equivalencia de expresiones ¿es lo mismo decir que hay 50% de probabilidad de que gane un jugador u otro que decir que la probabilidad de ganar es ½?, ¿por qué decimos que P(GaneJugador2) = ½ . ½ y no recurrimos a fracciones equivalentes?, ¿qué representan los números colocados en el numerador y en el denominador? Estos interrogantes potencian intercambios con respecto a la argumentación por sobre el vocabulario y expresiones utilizadas. Construir la respuesta correcta al problema de Pacioli requiere de un proceso de resolución que puede, en un inicio, contradecir las primeras impresiones e ideas del resolutor y por lo tanto resulta un auténtico desafío. Además, requiere del cálculo de las probabilidades que tiene un jugador de vencer todos los puntos que quedan, hasta el puntaje mínimo que, sumado a los puntos que ya tiene, le permite vencer el partido. Este tipo de razonamiento es posible si en el aula se permiten la verbalización y el debate de las ideas, solicitando la argumentación matemática. Estos intercambios dotan de sentido las expresiones sintéticas que se utilizan en Probabilidad. De modo que, partiendo del pensamiento estocástico hacia una concepción de Probabilidad que integre las concepciones: empirista, laplaciana y axiomática, el tipo de escritura sintética es producto de la necesidad de abreviar los razonamientos y no una imposición de sintaxis matemática.

4. Algunas reflexiones finales

Al iniciar el capítulo compartimos la premisa que orientó nuestra propuesta:

> (…) uno de los desafíos actuales para el desarrollo del pensar matemático de los alumnos, desde los primeros niveles de enseñanza, es ver la manera como los conceptos probabilísticos, y con ellos la estadística, pueden hacerse intuitivos, es decir, poder lograr que sean comprendidos sin demasiada extrañeza, ni dudas, antes de llegar al uso del razonamiento lógico que los justifique para lograr el pleno convencimiento (Santaló, 1994: 56).

Con el objetivo de que los conceptos probabilísticos enseñados y aprendidos no sean extraños ni impuestos, sino construidos críticamente en miras de lograr una comprensión que facilite demostraciones lógicas en años posteriores, hemos reflexionado sobre un posible ingreso de la Probabilidad en el aula de matemática. Consideramos que el ingreso de la Probabilidad a temprana edad (en el inicio de la educación secundaria) es posible si se revisan los fundamentos de su enseñanza. Tomamos en cuenta los fundamentos culturales, epistemológicos, didácticos, psicológicos, e históricos, en cuanto al origen del contenido y a la razón básica de su existencia en la escuela.

Las justificaciones culturales que validan la existencia de la Probabilidad en la escuela se basan en las tres funciones que la sociedad le exige a la escolarización obligatoria: la formación del ciudadano, la preparación para estudios superiores consiguientes y la formación para el desempeño laboral. Para todas esas funciones se requieren conocimientos probabilísticos.

Desde el punto de vista del estudio de los conocimientos, una de las características fundamentales de la Teoría de la Probabilidad es el estudio de los *fenómenos aleatorios*, cuyos resultados son imprevisibles. Su comprensión requiere del tratamiento de conceptos abstractos. Preguntarnos sobre el significado de los conceptos abstractos que enseñamos, nos llevó a diferenciar la probabilidad de los razonamientos estocásticos. Mientras que la Probabilidad refiere al modo de calcular cuantitativamente la posibilidad de ocurrencia de un suceso aleatorio, el pensamiento estocástico invita a conjeturar, probar empíricamente, la ocurrencia de hechos azarosos. Fue esta diferenciación la que nos permitió iniciarnos en el desarrollo de conjeturas y su validación empírica.

La didáctica nos recuerda que resolver problemas de Probabilidad implica analizar situaciones que en un comienzo no se conocen, a recopilar datos, tomar decisiones, buscar respuestas, diseñar y probar distintas estrategias, equivocarse y volver a empezar. En este proceso de resolución de problemas puede resultar algo decepcionante para los estudiantes recurrir mecánicamente a *fórmulas* que resuelven todo *mágicamente*, lo interesante es que tengan la posibilidad de pensar *mucho* primero. Los errores, la ambigüedad y la incertidumbre de no saber por dónde o cómo iniciar la resolución de un problema son situaciones que deben ser aceptadas tanto por los docentes como por los propios estudiantes. Somos nosotros los que planificamos tiempos y generamos espacios para la experimentación, espacios donde la resolución de los problemas se piense durante períodos de tiempo más prolongados que si se recurre de manera prematura a fórmulas, teniendo en cuenta que es un objetivo llegar a su producción.

Los estudios en psicología avalan que la resolución experimental y heurística de problemas probabilísticos puede evolucionar hacia construcciones teóricas consensuadas, si se abordan en forma empírica y reflexiva antes de la pubertad. Además, nos advierten sobre una variedad de dificultades en el proceso de adquisición de la concepción de Probabilidad: la confianza en percepciones y experiencias intuitivas engañosas; la generalización de situaciones, sin atender a la particularidad de los hechos; y el abuso del lenguaje natural. Dificultades que pueden superarse si se trabaja activamente sobre ellas. Consideramos que en este proceso es necesario: idear, analizar y poner en práctica secuencias didácticas que inicien con un tratamiento intuitivo de la Probabilidad.

La historia de la matemática, vista como recurso docente, propone diversas fuentes: los juegos, las situaciones cotidianas, el desarrollo histórico de la Probabilidad, como mediadoras de los procesos de enseñanza. Proponer problemas en los cuales los estudiantes lleven a cabo experimentos, construyan sus propios modelos de probabilidad y descubran los principios de conteo por sí mismos, puede ayudarlos a superar conceptos erróneos acerca de la probabilidad, y restaura la síntesis entre lo necesario y lo posible, lo cual es esencial al pensamiento probabilístico. Además, la historia de la matemática, como campo del saber, muestra que la construcción histórica de los conceptos probabilísticos requirió de debates, intercambios de correspondencia, publicaciones académicas y conformación de grupos de estudio. Replicar esto en el aula favorece el desarrollo de pensamientos estocásticos correctos.

La reflexión sobre los problemas propuestos en el capítulo, que dialoga en relación a su uso en secuencias didácticas, nos permite identificar pistas en pos del desarrollo de pensamientos estocásticos certeros:

- Si en los problemas iniciales de experimentación aleatoria se pueden identificar con claridad todos los resultados posibles y el experimento puede repetirse sin permitirle al estudiante anticipar cuál de todos esos resultados se obtendrá, se da lugar a la formulación de conjeturas en relación a los modos de anticipar los posibles resultados.

- Si se privilegia el trabajo en parejas y grupos y la técnica de experimentación, ensayo y error, por sobre metodologías de trabajo individual, se promueven momentos de intercambios y diálogos en clase que permiten a los estudiantes autoevaluarse y a los docentes conocer el estado de avance de la construcción de los aprendizajes.
- Si se validan en comunidad de las estrategias de resolución de problemas junto al uso activo de materiales manipulativos, donde las ideas previas, sesgos y errores se expliciten y debatan, avanzando hacia conceptualizaciones probabilísticas que se complejicen gradualmente., se posibilita el tratamiento frecuencial de la probabilidad.
- Si se generan espacios para que los estudiantes comuniquen los resultados del trabajo de experimentación empírico, se promueve a que detecten regularidades que les permitan concluir definiciones y generalizar propiedades.
- Si se organiza el debate ordenado de las ideas y el registro de las experiencias y observaciones en las carpetas de los estudiantes, el diseño y confección de diagramas de árbol, tablas y gráficos cobra sentido porque es posible apreciar su potencial para exponer y explicar las ideas y producir soluciones a los problemas planteados.

En las diversas actividades presentadas en el capítulo, hemos propuesto a los estudiantes que representen las soluciones a los problemas del modo que deseen y consideren óptimo, sin haber explicado y/o expuesto previamente ninguna fórmula o concepto probabilístico. Al brindar esta indicación no estamos esperando que los estudiantes se "acerquen" lo más posible a la expresión de la fórmula de Laplace para luego nosotros, en esa misma clase, institucionalizarla como el cociente de casos favorables y posibles. Este tipo de propuesta de trabajo tiene como objetivo generar un espacio donde las ideas y dudas de los estudiantes entren en diálogo entre sí y con el docente.

En síntesis, este capítulo partió de una premisa que nos antecede hace ya un cuarto de siglo e intentó mediante el análisis didáctico de actividades mostrar lo que consideramos una certeza: el pensamiento probabilístico sin extrañezas es un hecho seguro.

5. Bibliografía

Batanero, C. y Díaz Godino, J. (2002). *Estocástica y su didáctica para maestros*. Granada: Departamento de Didáctica de la Matemática, Universidad de Granada.

Bell, E. T. (1992). *Historia de las matemáticas*. Mexico: Fondo de Cultura Económica.

Bressan, A. P y Bressan O. (2008). *Probabilidad y estadística: cómo trabajar con niños y jóvenes. Construyendo paso a paso herramientas y conceptos*. Buenos Aires: Ediciones Novedades Educativas.

Bruni, J. y Silverman, H. J. (1986). "Developing Concepts in Probability and Statistics- -and Much More", *Arithmetic Teacher* 33 (6), pp. 34-37.

Brinnitzer, E. *et al.* (2015). *El juego en la enseñanza de la matemática*. Buenos Aires: Ediciones Novedades Educativas.

Chapman, C. y Morrison, D (1994). "Impacts on the Earth by asteroids and comets: assessing the Hazard", *Nature* 367, pp. 33-40.

Díaz Godino, J.; Batanero Bernabeu, M. del C. y Cañizares Castellanos, M. J. (1988). *Azar y probabilidad: fundamentos didácticos y propuestas curriculares*. Madrid: Síntesis.

Fischbein, E. y Gazit, A. (1984). "Does the Teaching of Probability Improve Probabilistic Intuitions? An Exploratory Research Study", *Educational Studies in Mathematics* 1 (1).

García Cruz, J. A. (2000). "Historia de un problema: el reparto de la apuesta", *Revista Suma* 33, pp. 25-36.

Güerci, V. P. (2016). *Probabilidad: una Ingeniería Didáctica para el desarrollo del pensamiento estocástico, en el primer año de la Enseñanza Secundaria: aportes desde un estudio de caso*. (Trabajo Final Integrador) Universidad Nacional de San Martín. Escuela de Humanidades. Disponible en el Repositorio Institucional de la UNSAM (TESP ESHUM 2016 GVP): http://bit.ly/2cyXflG.

———. (2017). "Las mujeres en la Historia de la Ciencia y su ingreso al aula de Matemática: presentación de un ejemplo con enfoque CTS", *Revista Saber y Tiempo*. Centro de Estudios de Historia de la Ciencia José Babini. UNSAM EDITA.

Klimovsky, G. y Boido, G. (2005). *Las desventuras del conocimiento matemático. Filosofía de la matemática una introducción*. Buenos Aires: A-Z editora.

Le Lionnais, F. (1962). *Las grandes corrientes del pensamiento matemático*. Buenos Aires: EUDEBA.

Odifreddi, P.; Rota, G. C. y Idiarte, C. (2006). *La matemática del siglo XX: de los conjuntos a la complejidad*. Madrid: Katz Editores.

Piaget, J. y Inhelder, B. (1951). *La genese de l'idee de hasard chez l'enfant*. Paris: PFU.

Real Academia Española [RAE-ASALE]. (2014). *Diccionario de la lengua española - Edición del Tricentenario*. Recuperado 23 de mayo de 2016, a partir de http://dle.rae.es/?id=TlZy4Xb.

Santaló, L. A. (1994). *Enfoque hacia una Didáctica Humanística de la Matemática*. Buenos Aires: Editorial Troquel.

Shaughnessy, J. M. (1977). "Misconceptions of probability: an experiment with a small-group, activity-based, model building approach to introductory probability at the college level", *Educational Studies in Mathematics* 8, pp. 295-316. http://doi.org/10.1007/BF00385927.

Vos Savant, M. (9 de septiembre 1990). *Ask Marilyn. Revista Parade*. Estados Unidos.

———. (17 de febrero 1991). *Ask Marilyn. Revista Parade*. Estados Unidos.

CAPÍTULO 4

Entre el decir y el hacer:
la memoria colectiva de una experiencia
de formación docente, como recurso para
la reflexión sobre la práctica

por Fernando J. Bifano

1. Introducción

El desarrollo de este capítulo si bien surge como fruto de una reflexión posterior a la escritura de un trabajo de tipo académico,[1] es a la vez, un producto madurado de una experiencia de formación para y con docentes. Principal motivo de la incorporación en este texto. La experiencia a la que se hace referencia es un proyecto de capacitación realizado entre los años 2009 y 2012 en escuelas secundarias técnicas de la provincia de Bs. As. El objetivo de este proyecto fue el fortalecimiento de la educación técnica en distintas áreas de conocimiento. En este artículo hacemos referencia al capítulo destinado a la matemática en una de escuelas participantes ubicada en la localidad de Ensenada. Se encontrarán con diferentes voces de una misma persona, quien ocupa distintos planos en diversos momentos: docente, capacitador/formador, investigador. Estas voces que se superponen, con la de los otros actores fundamentales –los docentes, los de la experiencia y, también la nuestra que estamos frente a estas páginas– no buscan ser una mera yuxtaposición para confundir, todo lo contrario. Intentaremos reflexionar en conjunto, a partir de la riqueza descubierta a lo largo de una experiencia concreta de trabajo y de discusión con docentes sobre el propio ejercicio de la labor, sobre las posibilidades de mejorar las oportunidades de aprendizaje que se les brindan a los alumnos en la clase de matemática y sobre las implicancias de sostener un trabajo colectivo con otros colegas más allá de las condiciones institucionales que se brinden.

---

1   Al respecto ver tesis de maestría Bifano (2014).

Comenzaremos este capítulo presentando una idea clave, central incluso en el título del capítulo: la noción de recurso. Sobre esta base, desarrollaremos tres cuestiones:

- Las razones por las que uno de los aspectos más importantes de la tarea docente es la interacción con los recursos para planificar y llevar a cabo la enseñanza.
- La resignificación del trabajo colectivo y colaborativo entre profesores, considerando las posibilidades y limitaciones para la creación de una comunidad de práctica.
- El lugar de la reflexión sobre la propia práctica como motor para el desarrollo profesional del docente.

Estos elementos los pondremos en perspectiva, siempre en relación con la formación inicial de profesores y las posibilidades de desarrollo posterior durante el ejercicio de la práctica.

2. La noción de recurso

Nuestro punto de partida es la concepción de recurso. Este término proviene de la palabra sajona *resource*, y tanto en francés como en inglés significa: volver a la fuente; en tanto elemento donde surge la vida.

Para Adler (2000), recurso significa algo que vuelve a alimentar el trabajo del profesor, que es fuente para su trabajo y que la vez realimenta su actividad. Además, este autor considera al recurso como algo más allá de lo material, que también implica aspectos humanos y socio-culturales. Entonces, un recurso puede ser un libro de texto, un *software*, los apuntes del profesor, las conversaciones e intercambios con otros colegas, una reflexión sobre la práctica, etcétera.

Estos recursos, en una primera instancia, son considerados como artefactos en tanto dados. No es sino por un proceso de desarrollo que se los convierte en herramientas. Aclararemos el significado de estos nombres con el siguiente ejemplo. Un docente busca un problema —ya sea en la red o en un libro de texto— para trabajar con sus alumnos durante las clases de un determinado tema. Una vez elegido, es posible que decida efectuar ciertos ajustes, por ejemplo, sobre el enunciado del mismo: cambiarle algunos datos, el orden las preguntas, cómo ensamblarlo con otros problemas, etcétera. Así el problema "original" o recurso, dejó de ser un artefacto, ha sufrido una serie de transformaciones según el criterio propio del profesor y se ha convertido en una herramienta para la enseñanza. Este proceso de seleccionar, organizar, recombinar y reelaborar un recurso, lo hace el docente de una manera propia y es lo que constituye su trabajo documental (Gueudet y Trouche 2009; 2010).

Pero, ¿qué sucede en el caso de los recursos que se producen o "contienen" cierta tecnología?, ¿cómo los integraríamos a nuestro trabajo cotidiano en la clase?, ¿necesitamos conocimientos o condiciones especiales para ello?

Algunos piensan que, si un problema propone un uso de un determinado *software*, el docente debe manejar casi por completo el mismo para poder integrarlo a la clase. Otros creen que la incorporación de *software* a la clase de matemática supone un abandono total de otro tipo de recursos como son los libros de texto o los problemas para resolver en lápiz y papel. En realidad, la dicotomía lápiz-papel/*software* es falsa. En las páginas que siguen trataremos de argumentar porqué.

Los estudios en didáctica alrededor de la problemática de la incorporación a la clase de las Tecnologías de la Información y Comunicación para la Educación —en adelante TICE— que se vienen desarrollando desde los años 80 del siglo pasado en algunos países, y que en nuestro país se ha transformado en centro de atención en los últimos años, han cambiado hacia una consideración más amplia de los diferentes recursos que utilizan los profesores para llevar a cabo la enseñanza. Esto puede atribuirse a una serie de factores entre los cuales destacamos (Sabra, 2011).

- Las tecnologías actuales abarcan un amplio espectro. Están desde aquellas que involucran un mero soporte (un dispositivo de almacenamiento, un sitio web, una pizarra interactiva, un cañón de proyección, etcétera), hasta las que permiten integrar un contenido matemático (una calculadora, un software específico, una planilla de cálculo, etcétera).
- La forma de integración de la tecnología de parte del profesor está íntimamente vinculada con su concepción de la enseñanza. Son poco frecuentes los libros que proponen problemas matemáticos para estudiar con los alumnos y donde se plantean a la vez reflexiones didácticas en torno a lo que se produce en la clase a partir de su implementación. Por lo tanto, frecuentemente somos los profesores quienes tenemos que buscar, analizar y producir nuestros propios recursos para la enseñanza.

En relación con este último factor, podríamos decir que existe una creciente —y en algunos casos un tanto caótica— proliferación de sitios web con diversas propuestas de recursos para la enseñanza de la matemática: desde listas de ejercicios hasta problemas para utilizar *software* específico. Aunque casi en la mayoría de los casos sin una alusión sobre la finalidad o intencionalidad didáctica con la que fueron concebidos. En algunos países europeos se ha tomado como iniciativa el desarrollo de proyectos de investigación para juzgar la "calidad" de los recursos producidos (González-López, Polo y Recio, 2009). Estos proyectos analizan e identifican las características que se considerarían a la hora de diseñar recursos para favorecer su "usabilidad" por parte de otros que no los han concebido. Esta opinión, posiblemente no sea suficiente para que un profesor decida incorporar un recurso que otro juzgue como valioso. En este sentido, también la investigación didáctica ha mostrado que los procesos de integración de las tecnologías son paulatinos y, esencialmente personales.

En síntesis, podríamos decir que la problemática de la integración de las tecnologías para la enseñanza muestra cómo no es solamente cuestión de usar o no un recurso, sino de las opciones didácticas que sostienen, legitiman ese uso y, de las posibilidades de apropiación y transferencia de los mismos para una genuina integración. Por ello, ampliaremos la perspectiva sobre las tecnologías y haremos centro en nuestro trabajo con los recursos. ¿Cómo? Los analizaremos en la clase, pero fundamentalmente fuera de ella. En el momento en que preparamos una clase, decidimos previamente sobre: cuáles son los elementos que integraremos, cómo los relacionaremos, cómo se involucran nuestros conocimientos y representaciones sobre cómo enseñamos y cómo aprendemos, cómo nos adaptamos a las condiciones institucionales en las que realizamos nuestras prácticas. Todo esto va conformando, desarrollando una capacidad que nos es propia (del docente). Vamos acumulando experiencia, que implica también el desarrollo de una habilidad propia o *expertise* para que trabajemos con recursos.

En esto consiste, como ya hemos señalado, el trabajo documental del profesor. Ahora bien, esta descripción puede verse enriquecida al estudiar y analizar las dinámicas de la influencia de los espacios colectivos en los que los profesores desarrollan su práctica. Por eso, en la sección siguiente, integraremos al texto el análisis de la dimensión colectiva del trabajo del profesor.

3. Las formas en que la práctica compartida crea una comunidad. De lo colectivo a lo comunitario

¿Por qué trabajar con otros es también un recurso? El trabajo humano está siempre desarrollado bajo un ámbito institucional, en una realidad social, histórica y cultural. Nuestro trabajo como docentes, no escapa a esta dimensión. No es una tarea individual porque el acto de enseñar supone otro: el acto de quien aprende. Enseñar y aprender matemática, implica un trabajo común entre docentes y alumnos.

Pero aun cuando pensemos que, por determinadas condiciones laborales, desarrollamos nuestra tarea en soledad, lo institucional no está ausente.

Puede ser más o menos visible, pero es una dimensión que condiciona la enseñanza (Chevallard, 1991). En esta idea, condicionar no quiere decir limitar, sino que se refiere a potenciar. Discutir con otros ayuda a mejorar la tarea de uno y de los demás.

¿Pero es conveniente hablar de colectivo o de comunitario? ¿Qué distingue uno del otro?

A continuación, presentaremos brevemente algunos elementos teóricos que nos servirán para problematizar la experiencia que desarrollaremos posteriormente. Enunciaremos de un modo acotado las nociones teóricas que luego nos permitirán comprender con más riqueza la experiencia.

Desde la perspectiva de la teoría de las comunidades de prácticas –en adelante CoP– (Wenger 2001), las comunidades son un tipo de colectivo de gente que se caracteriza por el compromiso compartido de sus miembros, quienes colaboran entorno a un proyecto común. Una CoP se determina, según el autor, por tres elementos fundamentales en relación con sus miembros:

- la unidad, que se construye por el desarrollo colectivo,
- el mutuo compromiso, que se realiza a partir de la construcción comunitaria,
- un repertorio común de recursos, lenguajes, rutinas, artefactos, estilos, historias, herramientas, que se comparte y produce en forma conjunta.

Las CoP son una construcción que atraviesa diferentes etapas o estadios:

- Un estadio de incubación: la reunión de los individuos en torno a un proyecto común.
- El estadio de fusión: donde comienza el nacimiento efectivo de la comunidad a partir de las interacciones y el compartir, favoreciendo el compromiso mutuo.
- La etapa de la maduración: que es el momento de la potencialidad para la incorporación de nuevos miembros.
- El estadio de la consolidación: donde ya se puede hablar de una estabilidad en el seno de la CoP.
- Y el estadio de la trasformación: que es la última instancia de la vida de una CoP, pudiéndose esta disolver, dividirse o integrarse en nuevas CoP o instituciones.

En toda CoP hay tres dimensiones que se articulan para su progreso:

- Empresa: es el nivel de la energía de aprendizaje y responde a la pregunta ¿cuánta iniciativa tiene la comunidad en mantener en aprendizaje en el centro de su empresa?
- Mutualidad: es lo profundo del capital social y responde a ¿cuánto de profundo es el sentido de comunidad generado por el mutuo compromiso a lo largo del tiempo?

- Repertorio: es el grado de autoconciencia que responde a ¿cómo la comunidad se percibe a sí misma en relación con el repertorio que es desarrollado y sus efectos sobre su práctica?

Una CoP se desarrolla a partir de una negociación de sentidos en dos procesos: participación y cosificación.

a. Participación constituida por las interacciones entre los diferentes actores de la comunidad, y que va más allá de la simple colaboración. Proceso complejo que involucra una diversidad de gestos: hacer, pensar, aportar, etcétera; y que compromete al individuo en una totalidad.
b. Cosificación como proceso de transformación de una experiencia en un objeto o cosa. La palabra se corresponde con la traducción del inglés del término *reification* y que el diccionario de la Real Academia Española remite al término *cosificación*, que define como la acción y el efecto de transformar en cosa algo; en este caso una experiencia. Esto quiere decir que es simultáneamente, resultado y proceso.

En consecuencia, la comunidad no está dada: es una tarea, una construcción común. No cualquier grupo de profesores que trabajamos en una misma escuela conformamos una CoP. Esa construcción se realiza a través de la participación de sus miembros por el compromiso asumido de contribuir a la producción común. El compromiso activa una empresa colectiva que se acompaña de la producción de objetos –que son los elementos de su práctica– y del desarrollo de un repertorio compartido (Gueudet y Trouche, 2010).

4. Una experiencia de construcción de una Comunidad de Práctica

Muchas veces en las instituciones podemos pensar que es difícil trabajar con otros, que siempre nos falta tiempo y espacios sistemáticos para reunirnos y discutir. Pero, que se den las condiciones institucionales, no garantiza *perse* que lo colectivo se integre a la dinámica de trabajo. A continuación, vamos a considerar algunos elementos de la experiencia a la que hicimos referencia en la introducción: una experiencia concreta de trabajo colectivo entre docentes de matemática. Un espacio que comenzó como una capacitación externa a esa escuela de Ensenada, pero que poco a poco, fue tornando en una comunidad de práctica. Una construcción progresiva que se consolidó a través de pensar juntos: intercambiando ideas, planificando clases, analizando y anticipando qué podía pasar en el aula con tal o cual problema, desarrollando recursos para integrar la computadora a las clases de matemática y, que fundamentalmente, fue generando el hábito de la reflexión colectiva (costumbre que de alguna manera perduró en el tiempo, aun habiendo concluido la experiencia).

Analizaremos la dinámica de formación del grupo y su posterior consolidación como una comunidad de práctica. Seguiremos las fases identificadas por Wenger (2001) en el proceso de génesis y evolución de la misma, a partir de la incorporación de algunos extractos del registro de las reuniones llevadas a cabo. Para ellos nos valdremos de las denominadas "bitácoras" que guardan la memoria colectiva de lo discutido en las reuniones. También identificaremos a lo largo del proceso, algunos elementos propios de la dinámica de negociación de sentidos marcados por la dialéctica participación/cosificación que permitirán mostrar cómo se construye un repertorio común.

4.1. Primera fase: la incubación

El primer paso en la constitución de un colectivo de trabajo entre docentes es la gestación de la comunidad. Comienza por la reunión en torno a un proyecto común. Puede surgir por *motu* proprio de un grupo dentro de una institución, o incluso, puede venir externamente, como algo que llega a la escuela. En el caso de la experiencia que desarrollaremos, se trató de una propuesta que como describimos llegó desde fuera de la escuela. Un espacio de capacitación que abarcaba varias escuelas secundarias dentro de todo el país. Como parte de las condiciones que se plantearon se propuso una dinámica de trabajo un encuentro cada 3 semanas, de aproximadamente 4 horas de duración cada uno. Encuentros periódicos, a través del trabajo en pequeños grupos en vez la masividad y, apostando a sostener en el tiempo la experiencia. Esta experiencia duró 3 años y medio.

La participación de los profesores era libre y no remunerada, entonces se propuso que los horarios y días fueran rotativos para afectar lo menos posible institucionalmente el ritmo escolar. La única condición irrenunciable fue que la capacitación fuera *en* la escuela. La idea era estar en el ámbito de trabajo de los profesores y reunirnos ahí para discutir. Una aclaración importante con respecto al término *capacitación* hasta aquí utilizado. Lo capacitadores nos resistíamos en un principio a vernos como tales. Buscábamos identificarnos más como colegas que conducían un espacio de formación, reflexión y discusión con otros. Pero esto también requirió de un proceso. No fue algo natural o espontáneo que simplemente se vivía así por el solo hecho de manifestarlo o desearlo. También, como la misma comunidad, fue un espacio en construcción, con sus idas y vueltas.

Durante el primer año, se fueron acercando algunos profesores que dictaban matemática en destinos años de esa escuela. Conformamos un grupo de entre 6 y 7 docentes, que realizamos 7 encuentros a lo largo ese año. Analizamos varios temas: fórmulas para contar, las prácticas algebraicas, los números racionales y su relación con la proporcionalidad, los algoritmos y el sentido en la clase de matemática, entre otros. La intención de esta variedad era ir conformar un clima de confianza y apertura. Y, simultáneamente, comenzar con la discusión sobre algunas cuestiones naturalizadas en cuanto a lo que significa enseñar y aprender matemática en la escuela secundaria.

En los extractos que siguen, encontraremos las voces de los docentes que manifiestan algunas de sus posturas e incomodidades o disconformidades frente a una clase. También reflexionan sobre el desafío que presenta hoy en día enseñar matemática en la escuela, la construcción de sentido y no repetir recetas. En particular, este primer extracto (cuadro 1) recupera de alguna manera los ecos de la discusión que había surgido por la lectura de un texto de Arcavi[2] sobre el sentido de los números. Sería conveniente que busquen ese artículo y, de esa forma revisen algunos puntos sobre los interrogantes que abren el debate, tal como sucedió en la experiencia. Por ejemplo, ¿cuál es el peso que institucionalmente se le da a las técnicas de manipulación algebraicas?, ¿por qué se puede manejar con cierta habilidad y destreza las manipulaciones simbólicas y no llegar a extender el uso del algebra como una herramienta para la modelización o la prueba de argumentos?, entre otros.

Cuadro 1: Extracto de voces de docentes en la primera reunión. Fuente: elaboración propia.

En una segunda etapa de la reunión, nos abocamos a la lectura y comentario del texto de Arcavi. A partir de esta lectura entre todos surgieron las siguientes cuestiones.

Con el sentido de los números pasa algo similar que con el sentido de los símbolos. Algunos comentan que en la escuela primaria no se trabaja sobre el sentido de las cosas, sino más bien sobre las técnicas y algoritmos de cálculo. A lo cual en seguida se concluye que en la escuela secundaria pasa lo mismo. Por conclusión, si las prácticas sobreabundan sobre este tipo de cuestiones y no sobre otras vinculadas con la posibilidad de usar la matemática para resolver un problema, difícilmente se logre adquirir el sentido del uso de los símbolos.

Otra cuestión que llama la atención es que en la lista de objetivos o metas que valdría la pena considerar para trabajar sobre el sentido de los símbolos se mencionan verbos como: explorar, analizar, estimar, comparar, interpretar, predecir, juzgar entre otros y no aparece ni una vez expresiones como calcular o factorear. Esta reflexión se alinea con la del párrafo anterior sobre las características de la práctica habituales del hacer matemática tanto en la escuela primaria como en la secundaria.

---

2   El texto de Abraham Arcavi al que se hace mención es: *Sentido de los símbolos: crear sentido informal en las matemáticas formales.*

Por otro lado, cabe destacar que la propuesta no fue recibida por todos de la misma manera. Como en todo grupo, algunos planteaban sus objeciones para con la misma y el valor que podría aportar (cuadro 2).

Cuadro 2: Extracto de voces disidentes en la primera reunión. Fuente: elaboración propia.

Gonzalo, pregunta sobre los objetivos de la capacitación y las herramientas con las que contamos para llevarlos adelante. Fernando comenta acerca del formato de la propuesta de trabajo que de alguna manera es coherente con la manera de proponer el trabajo con los alumnos: construir grupos de discusión y llegar a las propias producciones sobre la reflexión de la propia práctica.

Sobre finales del primer año de trabajo conjunto, se propuso un ejercicio de reflexión respecto del trayecto hasta ese momento recorrido. Notarán cómo expresan libremente las propias sensaciones, que todavía hay mucha incertidumbre sobre la potencia de la experiencia, la percepción del lugar común de las capacitaciones y alguno, más refractario, expresa su sensación frente a mi rol (capacitador), como una suerte de teórico alejado y desconocedor de lo que trascurre en las aulas. Comienzan a vislumbrar la riqueza del trabajo en equipo y descubren la amplitud de opciones, que se abren para enfrentar la enseñanza de un tema. En el siguiente extracto (cuadro 3), pueden leerse algunas reflexiones que compartieron a modo de balance de lo discutido a partir de tres cuestiones durante el primer año: el antes de la capacitación, lo que emergió durante y aquello que nunca se habían puesto a repensar.

Cuadro 3: Balance del primer año de experiencia. Fuente: elaboración propia.

Comenzamos con la lectura de la bitácora del encuentro anterior redactada por Mónica. Al finalizar la lectura comenzamos con las diferentes opiniones que dimos sobre "Una mirada hacia el tramito recorrido".

Antes de comenzar la capacitación me preguntaba...

- Si valía la pena o era más de lo mismo.
- Si era posible plasmarlo en el aula.
- Mariela se preguntaba, si se encontraba a la altura del curso.
- Gonzalo decía: "Los teóricos no terminan de entender lo que pasa en el aula".

En los encuentros que venimos realizando comprendí que...

- Podemos trabajar en equipo.
- Es interesante todo lo que tratamos en los mismos.

Nunca había considerado que...

- Existen otras formas de llevar los contenidos al aula.
- Los cálculos no siempre son necesarios.
- Que existen diferentes formas de enfrentar un tema.

Como anticipamos en la introducción, mi voz (la que está escribiendo estas líneas) les puede parecer un tanto lejana, como ajena, al menos en algunos primeros momentos. Yo también soy docente, pero ocupo el rol de capacitador, externo a la escuela. Con el transcurso de los encuentros, surgirá un cambio en este sentido. Desde un capacitador externo hasta un profesor más del grupo, que aporta, piensa y discute con ellos, a la par de ellos. También hay un cambio en el lugar que cada uno de los docentes asume dentro del espacio colectivo de trabajo y para con la escritura del registro. Algunos extractos que se presentan a continuación ilustran estos cambios (cuadro 4).

Cuadro 4: Cambios de registro en la escritura y en los roles. Fuente: elaboración propia.

La reunión se desarrolló en la cocina de la escuela, con café y medialunas, que nos acercan, gracias a la insistencia de Gonzalo.

Mientras desayunábamos, conversamos sobre los conocimientos de proporción que manejan los chicos.

Gonzalo plantea que los chicos comparan continuamente y que esa comparación, forma parte de la idea de la proporción, Fernando manifiesta que si bien, los chicos comparan, está comparación no trae aparejada la idea de proporción que ellos ven en las clases de matemática.

Se comienza a leer la bitácora del encuentro anterior, realizada por Ana Laura, en la cual se recupera lo discutido sobre:

- Replanteo sobre el uso de las herramientas tecnológicas en el aula, con lo cual, uno de los propósitos es el ahorro de tiempo, sin olvidarse que su uso, no nos aleja del "Hacer matemáticas".
- Algunos opinan que el trabajo dentro del aula se volvió, un poco artificial y que eso ocasiona el poco compromiso de los chicos para llevar adelante actividades en la clase de matemática.

En las anotaciones realizadas se percibe un clima más distendido, un texto menos formal elaborado por uno de los docentes del grupo, que coloca las diferentes voces, algunas más personalizadas como la mía y otras más anónimas. Veremos cómo evoluciona esto en los nuevos encuentros, por el desarrollo de una mutualidad, la generación de un clima de mayor pertenencia e identificación con el trabajo.

4.2. Segunda fase: la fusión

Este segundo estadio podemos considerarlo como el verdadero primer paso que da un grupo o colectivo para comenzar a constituirse en una comunidad. Como ya dijimos, no basta con un proyecto común en torno al cual la gente se ve convocada. Son los intercambios, las interacciones con los otros, el compartir la tarea, lo que favorece el compromiso mutuo y fusiona la comunidad.

En la primera mitad del segundo año de trabajo, continuamos con la discusión de algunos temas que los profesores eligieron como necesarios de ser repensados. Discutimos en torno a los números racionales, las distintas formas en las que se los concibe y en cómo analizarlos didácticamente para su enseñanza. También surgieron cuestiones relacionadas con la geometría, el cálculo de áreas y perímetros de figuras: su relación y dependencia, como lo muestra el siguiente ejemplo (cuadro 5).

Cuadro 5: Intercambios sobre el trabajo algebraico. Fuente: elaboración propia.

En el diseño curricular de 1er año de la Pcia. de Bs. As., encontramos perímetro y área. Con el objeto de recuperar las nociones de perímetros y áreas y su independencia, analizamos un problema y lo discutimos. El planteo era el siguiente:

Un triángulo equilátero y un hexágono regular tienen el mismo perímetro.
Si el área del hexágono es de 12 cm² ¿qué área tiene el triángulo?

Una interesante solución de este problema se puede obtener construyendo una figura como la siguiente:

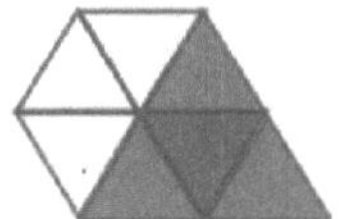

La discusión sobre el problema se enfoca en que, los perímetros son iguales pero el área cambia. Al comenzar con el análisis, comentamos acerca de la importancia del dibujo en la resolución del problema. Si sirve o no de ayuda para la resolución. Tratamos de ponernos en el lugar del alumno para prever cómo pensaría él/ella a la hora de validar.
Mariela opina que contando los lados con respecto a la totalidad de la figura el alumno podría plantear que:

$$a(hex) = \frac{6}{7} \quad \text{mientras que} \quad a(triang) = \frac{4}{7}$$

Concluimos en que con el argumento visual alcanza.

Para algunos integrantes del grupo era difícil situarse en resolver los problemas como si fueran sus alumnos. El propósito era que se abriera el juego a la discusión didáctica. Pensar qué puede hacer un alumno/a frente a un problema, las distintas maneras de resolverlo que ponen en juego, las estrategias correctas, pero, sobre todo, aquellas no tan satisfactorias, que son las que permiten repensar cuál es sentido de lo que se está trabajando en ese problema.

Para ello, decidimos que una estrategia catalizadora podría ser llevar adelante una planificación conjunta de una serie de problemas para el aula. En otras reuniones habíamos analizado registros de aula de intercambios entre alumnos y docentes de otra escuela. Habíamos discutido lo interesante de lo propuesto en esos materiales, pero había quedado cierta sensación en algunos de que estas experiencias eran lejanas, viables para otro tipo de aulas, no con sus alumnos; y en cierta medida tampoco podría serlo con ellos manejando la clase y los intercambios desde esa lógica a la que no estaban habituados.

Por lo tanto, no se trataba de discursos más o menos convincentes sino de hacer la experiencia. Entonces, decidimos que como grupo pudieran armar su propia secuencia de trabajo, elegir sus propios problemas, ajustar enunciados, cambiar consignas, no limitarse a "copiar y pegar" de lo que otros hicieron. Como ya señalamos oportunamente, en esto consiste la esencia del trabajo documental del profesor.

A continuación, presentamos un extracto del segundo de los cuatro encuentros de planificación llevados a cabo durante el segundo año de la experiencia. En este encuentro participaron quien escribe, como coordinador, y un grupo de cuatros docentes. En lo que sigue veremos cómo son las interacciones y los vínculos que se fueron estableciendo con la tarea. En la bitácora está el objetivo planteado para la discusión y cuál es la actividad que una de las docentes –Silvina (pseudónimo de una de las profesoras de matemática de primer año)– propone para involucrar a los alumnos en el estudio de la cuestión (cuadro 6).

Cuadro 6: Discusiones sobre la actividad. Fuente: elaboración propia.

...El objetivo es identificar el cm^2 con un área y no con la figura cuadrada de un cm de lado.

Silvina propone una actividad con el cálculo del perímetro de un sobre, cómo sería el perímetro del sobre abierto y del sobre cerrado. Y cómo podríamos modificar las medidas del sobre y qué habría que plantear para que provoque el estudio de las relaciones entre área y perímetro.

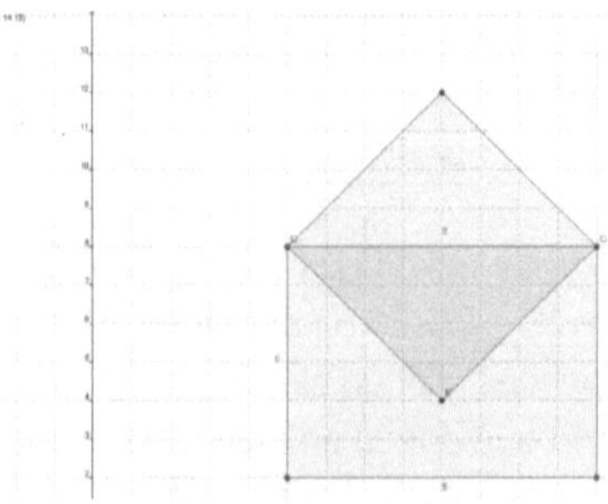

Los datos que deberemos aportar, dependerán de lo que pretendemos que los alumnos trabajen.

Realizamos el gráfico usando GeoGebra, tomando unas medidas convenientes para la manipulación sencilla de los alumnos, a la hora de calcular la superficie.

Viendo el libro que acercó Guido, estamos tratando de encontrar algunos ejercicios que nos permitan trabajar en el principio de esta propuesta.

Comentamos los siguientes problemas...

Notamos cómo se interpreta que la actividad –en este caso, el cálculo del perímetro de un sobre abierto y cerrado– permite poner en relación la idea de que el cm² es una unidad de medida de un área y no solo su identificación con el cuadradito. Intencionalmente se eligen medidas que resulten más amigables para la manipulación con GeoGebra porque el énfasis no está en el cálculo. En esto se focaliza sobre el proceso de negociación de sentidos establecido por el juego dialéctico de la participación/cosificación. Deciden comenzar por analizar qué sucede con el perímetro de una figura y luego ver la relación con el área. Es decir, el problema no pretende dar una respuesta al objetivo, sino que es más bien la idea de una secuencia articulada de problemas –por eso la búsqueda de otros ejercicios que abonen en ese sentido, cuestión que se ve más adelante en el texto de la misma bitácora– la que permitirá empezar a construir una respuesta (cuadro 7).

Cuadro 7: Propuesta de otra actividad. Fuente: elaboración propia.

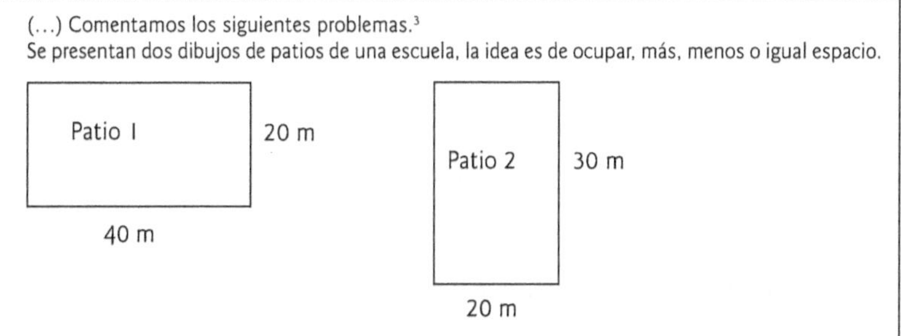

(…) Comentamos los siguientes problemas.[3]
Se presentan dos dibujos de patios de una escuela, la idea es de ocupar, más, menos o igual espacio.

a)   En la clase de Educación Física dan 5 vueltas alrededor del patio I para entrar en calor. ¿Cuántos metros recorren aproximadamente?
b)   ¿Cuál de los dos patios te parece que ocupa más espacio dentro de la escuela?
c)   ¿Qué medida podría tener un patio que ocupe menos espacio que el patio 2?
d)   ¿Qué medidas podría tener otro patio que ocupe el mismo espacio que el patio I pero que no sea igual?

¿Cuántas baldosas de cada una de las que se presentan se necesitan para cubrir el rectángulo?

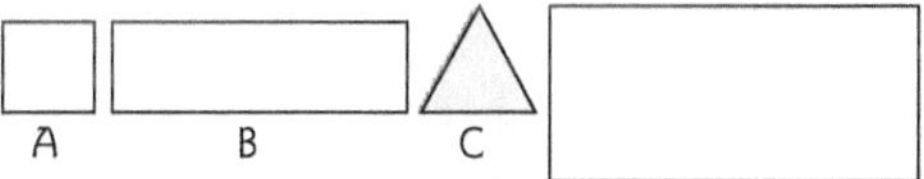

(Las tres baldosas permiten establecer relaciones de mitades, dobles y cuádruples y entran un número exacto de veces en el rectángulo a cubrir).

Vimos que los problemas que hemos estado trabajando se pueden separar en tres grupos. Un grupo de problemas es el que trata las relaciones entre perímetros y áreas, el otro grupo se ocuparía de que los alumnos vean al área como el espacio que ocupa una figura (cubrimiento) y, por último, los que trabajan los cálculos puramente. Coincidimos en pensar para la próxima, en qué orden presentarlos, cómo introduciríamos GeoGebra en este trabajo, en qué momento de la clase, al principio, en medio o al final.

---

3   C. Broitman y H. Itzcovich (2008).

En este último extracto, aparece uno de los aspectos notables de la evolución de la comunidad en relación con el conocimiento que circula y se construye. Se está conformando parte de un lenguaje compartido, un repertorio común. En las primeras discusiones sobre el tema, se percibía cierta disidencia en la manera de concebir el tema de áreas y perímetros de figuras, más emparentado con lo calculatorio y en forma independiente. Sin embargo, luego de la lectura de los diseños curriculares y de algunos textos destinados para la formación docente[4] que mostraban cómo ciertos problemas permitían enfocar la relación entre área y perímetro, esto fue cambiando. La posibilidad de organizar globalmente un conjunto de problemas para darle una estructura que permitiera construir sentido –relaciones entre área y perímetro, problemas de cubrimiento y, finalmente, problemas de cálculo– es el resultado de un proceso con mucho intercambio y discusión.

El proceso de transformación de recurso en documento, como antes decíamos, es gradual. Intervienen diferentes elementos hasta cristalizarse –cosificarse– en un producto tangible para llevar al aula.

Otro elemento clave de este proceso y signo de evolución de la comunidad es que mantiene al aprendizaje en el centro de su interés. Así, nos resulta casi natural pensar en qué estrategias pueden desplegar los alumnos para resolver esos problemas. En el próximo extracto, se pone en evidencia cómo se prevé lo que podría ocurrir en el aula con los dos primeros problemas de la secuencia (cuadro 8):

Cuadro 8: Propuesta de dos problemas. Fuente: elaboración propia.

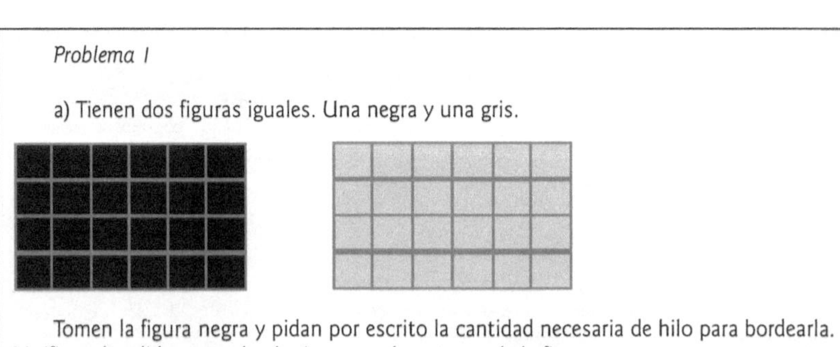

---

4   Berté (1993).

En la puesta en común la idea es que los alumnos se confronten con la idea de que se necesita la misma cantidad de hilo porque la figura está hecha con la misma cantidad de material.

Por otra parte, definir luego de la puesta en común, que el contorno de la figura es el perímetro de la misma. Este contorno se puede medir con diferentes unidades, convencionales o no.

Problema 2

Dada la siguiente figura conformada por tres cuadraditos iguales de lado 1. ¿Qué perímetro tiene?

a) Ahora les damos varios cuadraditos iguales de lado 1. Armar pegando en un afiche figuras diferentes utilizando siempre tres cuadraditos de forma tal que compartan un vértice o todo un lado sin superponer. ¿Tienen todas las figuras el mismo perímetro que la figura original?

Observaciones

Luego de esta parte, hay que hacer una puesta en común para discutir sobre las figuras que cumplen o no con lo pedido. Luego debatir acerca de las razones por las que tiene perímetro diferente.

Posiblemente los alumnos respondan que no y muestren ejemplos de cada uno de los resultados. Lo interesante es que se da cierta "regularidad":

- sí comporten un lado y un vértice, su perímetro es 10
- sí comparten dos lados, será 8
- sí comparten dos vértices, será 12

Quizás el hallazgo de esta regularidad necesite de cierta intervención docente. Una pregunta del estilo, ¿de qué depende que algunas figuras den lo mismo y otras no?
A partir de esto, quizás entonces recobre sentido aquí preguntar por qué, ¿no?
Queda pendiente qué pasa con el área. Nos metemos más adelante.

Puede resultar significativo cómo avanzan en forma consistente con lo estipulado como "recorrido" para trabajar, aun con los matices entre los dos problemas seleccionados, que focalizan en discutir sobre la relación entre el área y perímetro de las figuras.

Lo que desarrollamos en este apartado evidencia, por un lado, el trabajo documental del profesor y, a la vez, colocamos en primer plano la influencia de la dimensión colectiva del trabajo a través de la dinámica de interacciones y discusiones con el propósito de elaborar una secuencia de problemas para llevar al aula conjuntamente. Además, la negociación de sentidos a través de una relación dialéctica entre participación y cosificación, el aprendizaje como centro de interés y, la construcción gradual de un repertorio común, podrían interpretarse como un signo de la etapa de fusión. Esta característica es el comienzo de consolidación de la CoP.

4.3. Tercera fase: la maduración

A lo largo de los casi 4 años que duró la experiencia, hubo un grupo estable de unos 6 profesores y algunos otros cuya participación fue más fluctuante. Solo dos profesores perdieron la continuidad luego del segundo año de trabajo.

Uno de los aspectos característicos para evidenciar el nivel de maduración de una CoP es la posibilidad de incorporar nuevos miembros en el grupo estable. Desde un primer momento, los profesores convocaron a otros docentes, de la misma escuela, para que compartieran esas reuniones de trabajo. Posiblemente hayan descubierto algo que les resultó valioso de la propuesta y, entonces incentivaron a otro para compartirlo. Sin embargo, la integración de nuevos profesores no siempre resulta algo sencillo. No solo porque el grupo estaba consolidado, sino por el tipo de trabajo que se desarrollaba y, que había comenzado a generar "ruidos" al interior de la institución. Esto se evidencia en una de las situaciones típicas de la vida escolar como es la de las mesas de exámenes (cuadro 9). Lo interesante es que los profesores no se preguntan tanto cómo sumar a otros al grupo en sí, sino fundamentalmente cómo hacer que se "contagien" de la forma de trabajar. Hay una suerte de necesidad de expandir las fronteras del grupo, porque lo importante es lo que "pasa" en el aula con eso que se produce conjuntamente.

Cuadro 9: Integración de nuevos profesores. Fuente: elaboración propia.

> Antes de comenzar, Silvina trae la discusión sobre el tema de la evaluación, en relación con el tema de la participación de los profesores del colegio y las instancias de examen. Evidentemente, el hecho de que exista un alto consenso por la participación de los varios profesores, de todas maneras, no implica que se generen ciertos ruidos en las instancias de exámenes, donde se comparte con profesores que no solo no participan, sino que fundamentalmente no adhieren al estilo de trabajo que se viene llevando adelante. Esto amerita un amplio espacio de discusión al interior de la escuela.
>
> Silvina a la vez dice que una manera de "contagiar" a los profesores que no participan sería armar pequeños proyectos para que "vean" cómo se trabaja.

En el extracto anterior se pone de manifiesto una de las complejidades más desafiantes del trabajo docente: transformar el trabajo cotidiano en un estilo diferente donde el alumno no está limitado a aplicar técnicas. Si bien aquí no está explicitado, la posibilidad de proponer a los alumnos como protagonistas activos en la clase de matemática, donde se discute y se construye no resultaba lo más común y habitual en las clases de matemática de la escuela. El espacio de la mesa de examen pone en evidencia esto y genera incomodidades para ambas posturas. De todas maneras, en el trabajo experimentando se encuentra para ellos la clave de la transformación. Como habíamos señalado anteriormente, ya no es se trata sobre si es posible trabajar de otra manera en la clase de matemática solo en algunas clases y escuelas privilegiadas, o una utopía de los teóricos que no terminan de entender lo que pasa en las aulas. Todos juntos hemos experimentado algo nuevo, a partir de un trabajo pensado y compartido. Esa convicción, signo de maduración, es el motor que ahora nos mueve para querer sumar a los demás.

Otro signo propio de la dinámica de vida y evolución de la CoP es que los miembros más estables vayan asumiendo diferentes roles y funciones. Un rol central es el del liderazgo. A pesar de las dudas que se manifestaron en las primeras reuniones, poco a poco y naturalmente, se fueron asumiendo liderazgos asociados a la conducción de la tarea: desde la responsabilidad de armar los registros de las bitácoras hasta la conducción de una nueva propuesta de planificación conjunta. Mostramos, a modo de ejemplo, cómo decidieron el tratamiento de la interpretación de gráficos funcionales (cuadro 10).

Cuadro 10: Propuesta de planificación. Fuente: elaboración propia.

<table>
<tr><td>

Vamos a avanzar con la planificación:

Retomamos a partir de recopilar de las bitácoras anteriores todo lo resaltado sobre el eje funcional que prescribe el currículum:

En primer año y en segundo pareciera estar el mayor nivel de consenso sobre cómo trabajar. Comenzar por el trabajo con lectura de gráficos y abarcar algo de las relaciones de proporcionalidad (incluso lo asociado a los racionales), para concluir primer año. En 2do, avanzar con la relación entre variables, el crecimiento uniforme y la función lineal.

Una cuestión a considerar será entonces el armado de planes para mediano y largo plazo. En la propuesta para nuestra escuela, ¿nos propondríamos también considerar el estudio de la función cuadrática? Esto surge porque en los diseños no pareciera considerarse el estudio de la función cuadrática en sí mismo.

Comenzaremos por concretizar una pequeña propuesta para 1er año, para la introducción a la representación gráfica.

</td></tr>
</table>

Puntualizaremos varias cuestiones del extracto anterior. La primera, el tipo de registro del texto. Hay una voz plural, un *"vamos"*, donde no se diferencian los nombres de quienes hacen los aportes. El nivel de involucramiento de todos en la tarea es tal, que ya no es importante destacar quién dice tal o cual cosa, o quién aporta tal o cual problema (mi voz es incluida como no destacable). La segunda, el nivel de reflexiones y discusiones sostenidas por el grupo comienza a mostrar mayor profundidad. Deciden partir de los lineamientos prescriptos en el diseño curricular, pero a la vez hay una necesidad de interpelarlos a la luz de la realidad de la propia institución. Se trató de interpelar los lineamientos curriculares, repensarlos para el aula de esa escuela en particular: de situarlos. La tercera, pensar en el mediano o largo plazo como marco para concretizar la propuesta. La cuarta y última, basada en la relectura de las bitácoras, consideradas como instrumentos de utilidad para la reflexión sobre la práctica. *Cuarta fase: la consolidación.*

Cuando una CoP tiene un alto nivel de estabilidad, entonces tiene la capacidad de desarrollar una tarea en forma más autónoma. Durante los primeros años yo sentía que, como líder de la experiencia, era quien aportaba elementos para la reflexión y discusión. Generalmente era yo quien traía problemas, y proponía discutir y reflexionar sobre qué podían hacer los alumnos para resolverlos. Y paulatinamente, con el correr de los encuentros, se fue transformando en la lógica propia de todos al momento de pensar la planificación de las clases. En el siguiente extracto (cuadro 11) se toman los libros de texto y los problemas que ellos traen, y se comienza por un análisis didáctico en términos de qué podrían hacer los alumnos para resolver las consignas y qué cambios se podrían proponer en algunas de ellas.

Empezamos a discutir sobre algunos problemas y analizamos el siguiente, aportado por uno de los profesores, sobre un texto de editorial Santillana.

Cuadro 11: Presentación y análisis de un problema. Fuente: elaboración propia.

Facundo se acaba de mudar a una ciudad muy organizada. Sus calles son bien "derechas" y parejas, y en lugar de nombres tienen números las pares que son paralelas entre sí y las impares, perpendiculares a las pares.

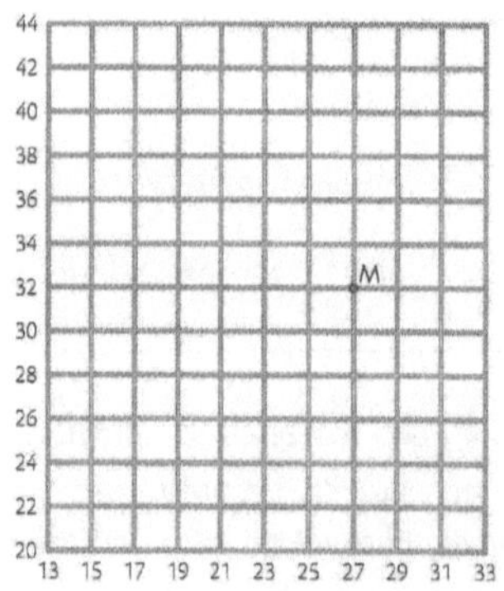

a) Facundo se mudó a 25 y 40. Marcá esa esquina en el plano con un punto.
b) Su amigo Mauro vive en M. Indicá las calles que forman esa esquina.
c) Facundo quiere ir al cine y le pide a Mauro que le indique cómo llegar: "Desde tu casa, caminá tres cuadras derecho, después doblá y hacé dos". Marcá todas las esquinas a las que puedo ir con esa referencia.
d) La escuela está en la esquina de 21 y 36. ¿Quién de los dos vive más cerca? ¿A cuántas cuadras?
e) ¿De cuántas maneras distintas puede ir Facundo a la escuela, sin caminar de más?

f) Las entradas al cine del barrio está ordenadas sobre un tablero como el de la imagen, que le permite al espectador elegir la ubicación que quiere. Marcá sobre el tablero la entrada correspondiente a la fila 5, butaca 7.
g) Otra manera de referirse a ese lugar es dar sus coordenadas así (5;7), se indica primero la fila 5, y después la butaca 7. ¿Qué significa la ubicación (7;5)? Resáltala sobre el tablero.

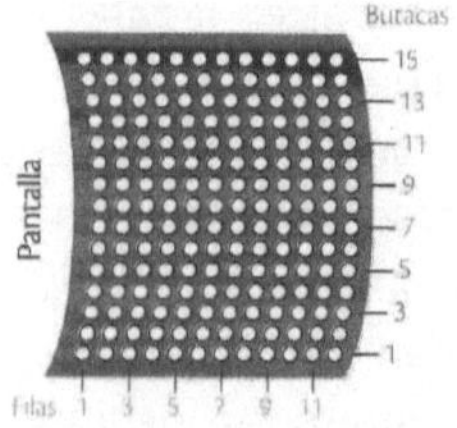

Análisis

Los alumnos tienen la responsabilidad de traducir en un gráfico la información prevista por el texto. De todos modos, hay un esquema de referencia para elaborar el gráfico.

La pregunta c, la cambiaríamos porque no deja generar la conjetura de que hay más de una posible. Se lo da de antemano.

A la pregunta e, sobre las diferentes formas de ir a la escuela, le agregaríamos la pregunta de si en algún camino se camina más. Es decir, preguntar por la cantidad de cuadras que hizo, para ver que son siempre diferentes maneras pero que en todas se camina lo mismo (porque la restricción de "sin caminar de más" es crucial).

En las preguntas f y g, donde cambia el contexto, empieza a poner el énfasis en el tema del orden. Cuestión que no fue abordada en las primeras preguntas porque distingue lo horizontal de lo vertical, usando números pares e impares...

En el análisis del registro están las huellas del trabajo documental a nivel colectivo: se toma un problema de un libro, se cambian consignas, se intercala con otro de otro texto, se analiza con qué conocimientos podrán acercarse los alumnos a dichos problemas, etcétera. También es oportuno que desataquemos el cambio que se hizo de la pregunta en el problema, para que los alumnos tengan la necesidad de generar una conjetura acerca de que hay más de una solución. Esto puede ser más enriquecedor que simplemente marcarlas todas porque el enunciado dice que hay más de una. La propuesta de modificar la pregunta sobre las formas de ir a la escuela apunta al mismo tipo de reflexión. Además, los docentes están alertas sobre los supuestos que hay detrás de los cambios mismos que se proponen en el problema –nos referimos al cambio de contexto para hacer emerger el orden–. Son señales del tipo de conocimiento didáctico que hemos construido como CoP, y el valor asignado al mismo

Como otra muestra de la consolidación de esta comunidad a través del juego dialéctico de la participación/cosificación, consideramos oportuno incorporar las reflexiones y los aprendizajes construidos en forma colectiva a partir del análisis de lo acontecido en el aula con los problemas seleccionados. Para ello compartiremos algunos extractos que muestran la dinámica de trabajo asumida en los encuentros y parte de la secuencia de problemas finalmente acordada. Intercalaremos el relato de lo experimentado en la clase con la narración de los mismos protagonistas (cuadros 12 y 13).

Cuadro 12: Análisis de lo experimentado en las clases. Fuente: elaboración propia.

Comenzamos por la lectura del encuentro de la bitácora del encuentro anterior. Luego abrimos los distintos archivos que están en el Dropbox con las diferentes planificaciones. En realidad, hay un único archivo con todas las actividades y otro archivo que explica el sentido del recorrido año a año.

Silvina y Mariela comienzan por contarnos sobre la puesta en obra de las dos primeras actividades de la secuencia que elaboraron para un 3er año.

De los 30 alumnos que tiene el curso, había 24 presentes. Un dato importante es que los chicos no tienen computadoras y ya para la actividad 2 se necesitaba contar con GeoGebra. Hubo todo un trabajo de organización previa hecho para garantizar que las computadoras de la escuela estuvieran disponibles para la clase. Para evitar el uso del cañón se les había ocurrido trabajar con el programa maestro (*e-learning class*) pero no tenían un *router* para poder armar el aula virtual. Por otra parte, también fue necesario cargar el archivo con el que había que trabajar en cada una de las computadoras.

Hecho todas estas salvedades comenzamos por analizar lo sucedido con la primera actividad.

Actividad 1

Facundo se acaba de mudar a una ciudad muy organizada. Sus calles son bien "derechitas" y parejas, y en lugar de nombres tienen números: las pares son paralelas entre sí y las impares, perpendiculares a las pares, como se ve en el esquema.

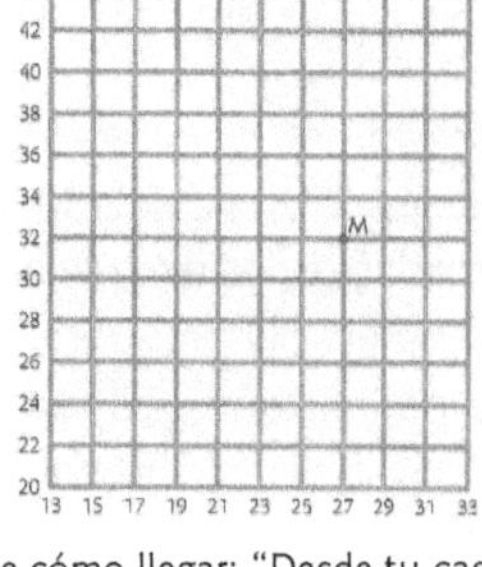

a) Facundo se mudó a 25 y 40. Marca esa esquina en el plano con un punto y la letra F.
b) Su amigo Mauro vive en M. Indica las calles que forman esa esquina.
c) Facundo quiere ir al cine y le pide a Mauro que le indique cómo llegar: "Desde tu casa, camina tres cuadras derecho, después dobla y hace dos"
d) La escuela está en la esquina de 21 y 36. ¿Quién de los dos vive más cerca? ¿A cuántas cuadras?
e) ¿De cuantas maneras diferentes puede ir Facundo a la escuela, sin caminar de más?
f) Las entradas al cine del barrio está ordenadas sobre un tablero como el de la imagen, esto le permite al espectador elegir la ubicación que quiere. Marca sobre el tablero la entrada correspondiente a la fila 5, butaca 7. Otra manera de referirse a ese lugar es dar sus coordenadas así: (5; 7) indicando primero la fila, 5, y después la butaca, 7.
g) ¿Qué significa la ubicación (7; 5)? Resáltala sobre el tablero.

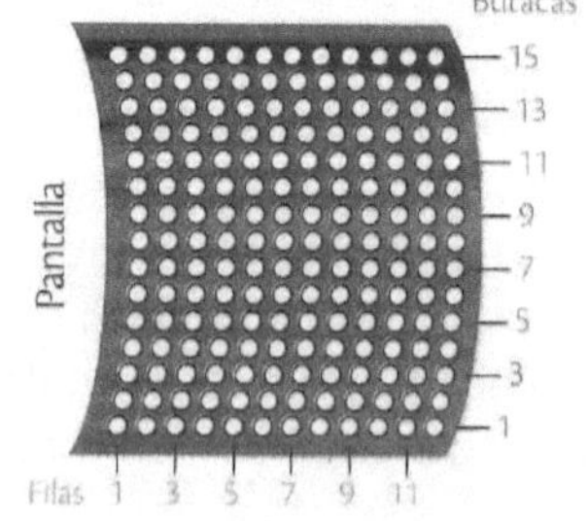

Análisis

La primera consigna pide marcar el punto de la esquina de 25 y 40. Sucedió algo interesante que fue que los chicos marcaron el "Recorrido" desde 25 y hasta cruzar con 40, sin reparar el en hecho de que solo se pedía la esquina (el punto). Evidentemente los alumnos están pensando en el contexto y no le dan el mismo significado que le asignamos nosotros (los profesores) que asumimos que esto representa un punto. Esto no fue previsto de ninguna manera por nosotros, pero ahora que lo reflexionamos es absolutamente coherente que hayan procedido así porque no le confieren el sentido de punto aún. Un dato interesante es que Silvina y Mariela muy posteriormente (en la siguiente actividad que era con GeoGebra y que pide escribir puntos) tomaron conciencia de este obstáculo.

Mariela comenta que:

En el ítem c, da las indicaciones de cómo ir desde un lugar a otro, pero por error involuntario no hay consigna. Lo curioso es que no hay tarea, sin embargo, los alumnos posiblemente por un fenómeno de contrato, asumieron la misma tarea que venían haciendo en las consignas anteriores, y entonces marcaron una posible ubicación para el cine.

Mariela vuelve a destacar algo que ya habíamos experimentado y que es el hecho de que un alumno que habitualmente no trabaja en la clase, no solo asumió la tarea de resolver los problemas, sino que además resolvió cosas con una rapidez y racionalidad que no era el esperado por muchos.

En el ítem d, se muestra como muchos se "pegan" al contexto y pueden hacer los recorridos, pero no logran "descontextualizar" sus resultados para poder responder a otras cuestiones como cantidad de caminos posibles o cuantidad de cuadras de distancia.

El punto f, que tiene implícito el tema de la convención produjo alguno de estos efectos:

- algunos perciben que no es lo mismo (5;7) que (7;5) pero no saben expresar en qué radica la diferencia.
- otros si logran expresar que la diferencia obedece a que una cosa son las butacas y otra las filas.

Mariela destaca que hay una variable didáctica a cambiar que es el punto (5;7), porque los alumnos como ya habían considerado ese punto en ítems anteriores, lo descartaban como solución, pero no por razones de otra índole.

De este extracto se desprenden varias cuestiones. Hubo ajustes y se introdujeron cambios en los problemas de la secuencia. Para la primera actividad, parte de las reflexiones que se habría discutido en la reunión anterior se cristalizaron en nuevas preguntas. Por otra parte, hay algunas situaciones no fueron previstas por nosotros en los análisis, pero que pudieron ser reinterpretadas, no como falencia, sino como señal de los significados que los alumnos atribuyen a ciertas prácticas habituales en la clase de matemática. Tal es el caso de lo que Mariela describe en términos de fenómenos del contrato didáctico (Brousseau 1993, 2007): por un error involuntario debemos notar que no hay consigna para la parte c), sin embargo, los alumnos asumen que aunque no esté expresado alguna tarea debe haber. La sorpresa manifestada ante el hecho de que los estudiantes, a pesar de no haber un enunciado claro en la tarea, sienten que algo deben hacer frente al problema es uno de los signos notorios de un aprendizaje construido por la comunidad. Otro elemento a destacar es la posibilidad de revisar los sentidos dados, asumidos, y por tanto naturalizados, de parte de los profesores en relación con lo que alumnos efectivamente interpretan y connotan, por caso, en un problema matemático contextualizado. Por otro lado, hay una genuina naturalidad para interpretar el compromiso que genera en los alumnos una propuesta a la que se sienten convocados. Y a la vez, cómo esto genera sorpresas entre los mismos alumnos que no se esperan que algunos de sus compañeros participen y respondan de la manera que lo hacen.

En lo que respecta al tema de la integración de las TICE a la clase, como destacábamos en la primera parte de este texto, no resulta natural ni espontáneo. Por un lado, hay cuestiones de viabilidad (Chevellard, 1992) que aún no están garantizadas: que la cantidad de computadoras que se necesiten estén disponibles, que el cañón y los cables de conexión para compartir las producciones de lo que se va realizando, también y todo funcione como se prevé. No obstante, los profesores piensan alternativas para la gestión de la clase de forma de poder subsanar el inconveniente y que los alumnos puedan resolver la segunda actividad con GeoGebra. Con respecto a ello, consideremos la segunda parte de la bitácora donde las protagonistas narran lo sucedido en el aula con el problema (cuadro 13).

Cuadro 13: Análisis de lo experimentado en las clases. Fuente: elaboración propia.

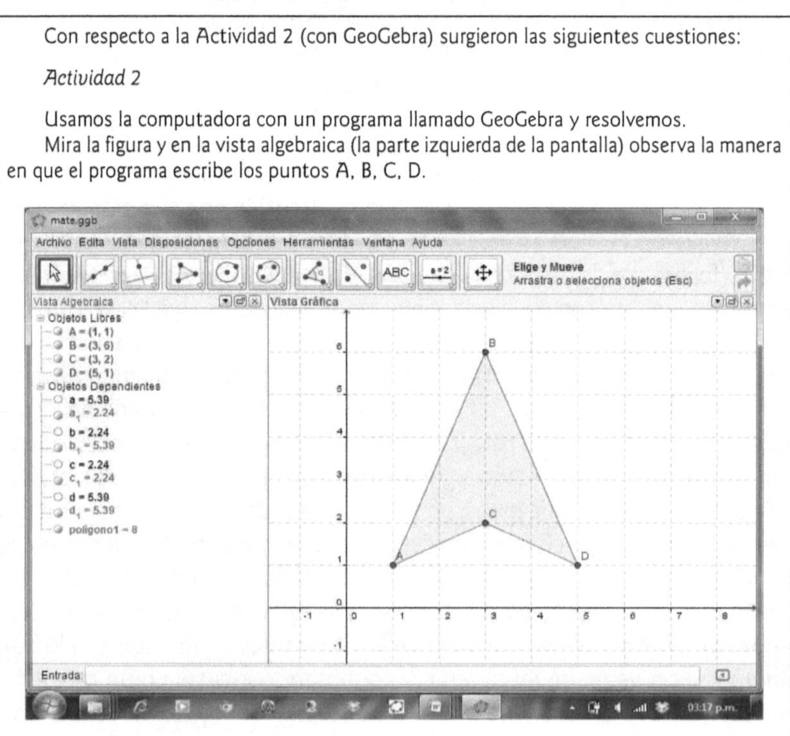

a) Escribe la ubicación de un punto de la misma manera que muestra el programa. Observa la pantalla e imagina donde estará.

b) Utilizando la barra de "Entrada" que está al pie del dibujo ingresa el punto que escribiste en tu carpeta ¿Está donde suponías?

c) Copia la figura original, tomando en cuenta que el punto creado corresponde a uno de los cuatro puntos de la figura.

d) Arma la misma figura desplazada 3 "lugares" hacia la izquierda.

e) A partir de la figura anterior (punto d) arma una nueva figura desplazada 2 "lugares" hacia arriba.

Silvina hace referencia al poder que tiene la presencia de la computadora en la clase, ya que la misma era la herramienta que los confronta con su saber. No preguntaban si lo que hacían estaba bien, dado que el programa les muestra los errores. También para ellos el saber está en los que les dice la máquina y cuenta un ejemplo: los alumnos querían ser lo más fiel posible a la hora de cargar un punto y por ello le asignaban una letra mayúscula, el igual y abrían el paréntesis, en el proceso cometían errores y Silvina les decía que no importa que abran solo el paréntesis, ellos no la escuchaban, lo que estaba bien es lo que mostraba la computadora.

La actividad no presentó dificultades, lo resolvían de forma autónoma, salvo en el caso en que los alumnos involuntariamente tocaban el "zoom" y perdían de alguna manera las coordenadas.

Destacamos la importancia de tener un cañón o el programa maestro para la institucionalización, como una herramienta que le permita al docente recuperar la fuerza que tenía el pizarrón, para la puesta en común.

La propuesta para continuar con la secuencia en el aula es retomar todo lo que notamos y emplear el cañón para entrar en el tema y en los aspectos que nos hacen ruido.

Para concluir discutimos sobre la posibilidad de incorporar al director de la escuela a observar alguna de las clases donde llevarán adelante la experiencia para poder dar difusión al trabajado de todo el año y que también sea como una suerte de elemento de mayor visibilidad al proyecto y al trabajo del grupo docente.

Son varias las cuestiones que emergen de este extracto. El análisis que hacen en términos de la reconfiguración del rol docente, el lugar y autoridad del software que comienza a darse en la clase. La pantalla del software funciona como un *medio* en el sentido broussoniano de la palabra y la devolución que les hace a los alumnos del problema, posibilita un escenario de aprendizaje más autónomo. También aparecen elementos que no fueron previstos. La cuestión de la sintaxis del software y las diferencias con la escritura convencional de la clase de matemática con lápiz y papel. Las interferencias que generan ciertos comandos del *software*, como el "zoom", que necesitan de particular atención y ser debatidos en la clase. Por otro lado, le necesidad de legitimación más allá del grupo, manifestada por la idea de convocar al director. Visibilizar al resto de la escuela el trabajo del grupo, tiene que ver con la posibilidad una vez más de trascender las fronteras del grupo para seguir contagiando.

Todos estos elementos descriptos muestran el nivel de maduración alcanzado por la CoP luego de un proceso continuo de trabajo, reflexión, discusión. Evidentemente después de tres años de trabajo conjunto, los progresos son muchos. Hay una verdadera comunidad consolidada, que funciona autónomamente, que ha logrado construir un repertorio común de lenguaje, sentidos, conocimientos y recursos compartidos.

4.4. Quinta fase: la transformación

Sabemos que todo proceso de formación tiene un principio y un final. Tal es el caso de esta experiencia.

Cuando una comunidad está lo suficientemente madura y consolidada queda el paso de la disolución o de la emergencia e integración hacia nuevos espacios colectivos y comunitarios. El cambio de las condiciones institucionales puede resultar complejo en el trabajo cotidiano de todo el grupo. Sin embargo, y a pesar de ello, ciertas formas del trabajo con otros no desaparecen totalmente. Así sucedió con esta experiencia, como lo testimonia una de sus integrantes a través de un correo electrónico que me enviara luego de finalizadas nuestras reuniones (cuadro 14). No rescata la capacitación en sí, sino el verdadero trabajo colectivo, del cual hasta el mismo formador se ha sentido parte, y cómo algo de esa llama continúa, al menos en algunos ellos, quienes, pese a que las condiciones institucionales no facilitan el continuar reuniéndose, buscan los espacios para seguir discutiendo entre ellos.

Cuadro 14: Correo electrónico enviado. Fuente: elaboración propia.

Hola Fer, siempre te recordamos. El otro día con Sil estuvimos hablando de aquellas reuniones con un poco de nostalgia. Yo veo a todos, como siempre vivo adentro de la escuela.

Ahora las reuniones entre nosotros son más para comer que para planificar, salvo con Silvina y con Ana que nos juntamos para discutir textos y textos y textos. Jamás creí que se podía leer tanto, ni me imaginé que había tantas cosas escritas y personas trabajando en la enseñanza. Desde mi lugar trato de realizar pequeñas modificaciones, con Silvina trabajamos mucho y discutimos aún más sobre los contenidos y los métodos.

El análisis de este proceso de transformación de un colectivo en una CoP ha mostrado la potencia del trabajo colectivo en torno a un proyecto común y la generación de un repertorio de recursos compartidos para llevar acabo la tarea. A la vez, nos muestra lo que debería ser uno de los aportes fundamentales de todo proceso de capacitación: trascender el espacio de formación y dejar la capacidad instalada de trabajar con otros. Como señalábamos oportunamente, para adquirir este hábito posiblemente no baste con las condiciones institucionales que garanticen el espacio. Pero, una vez adquirida la costumbre, esta puede perdurar en el tiempo más allá de que las condiciones institucionales no sean las mismas.

5. Las bitácoras, una herramienta fértil para la reflexión sobre el trabajo comunitario

¿Por qué la reflexión sobre la práctica es un recurso que alimenta la tarea de enseñar? En la sección anterior, hemos mostrado la potencia del trabajo colectivo entre docentes a través de una experiencia concreta: cómo se generó el hábito de proponer problemas, de discutirlos, reformularlos, plasmarlos en el aula y volver a ajustar, para volver a probar.

Este trabajo colectivo se hizo fecundo a partir de contar con el registro escrito de lo acontecido en cada encuentro. Las bitácoras, como llamamos a este instrumento, donde narrativamente quedaba el registro de las discusiones y acuerdos sostenidos a lo largo de los encuentros, surgieron originariamente como herramienta para la capacitación.

En un segundo momento, este recurso de la formación se fue transformando en un documento para la investigación, lo que permitió poner en primer plano lo más importante: cómo se constituyó en un insumo para la misma CoP. Esto nos permitió reflexionar sobre nuestra propia praxis, al volver para revisar lo acordado, para rediscutir lo necesario, para consolidar lo aprendido y para seguir aprendiendo.

Las bitácoras fueron concebidas como una memoria colectiva de las reuniones. En las primeras instancias, yo (como coordinador) era quien tomaba nota de las principales discusiones y puntos sobresalientes de la reunión. Esto no deja de ser una lectura subjetiva de los hechos porque quien registra lo hace tamizando lo acontecido desde su propio cristal y, posiblemente, enfatizando lo que considera valioso. Por eso, cada nueva reunión comenzaba con la lectura de la bitácora del encuentro anterior, que habilitaba el espacio para la negociación de los sentidos atribuidos a ciertas cuestiones que iban emergiendo. Es decir, leer lo acontecido permitía volver no solamente algún tema o idea, sino sobre todos los sentidos que habían quedado asociados a esa idea, según quién había escrito esa memoria. El extracto que sigue da cuenta de ello (cuadro 15).

Cuadro 15: La bitácora como memoria del encuentro. Fuente: elaboración propia.

Segundo encuentro

Asistieron Ana María, Ana Laura, Mariela, Enrique, Pablo y Ma. Lourdes —que se incorpora por primera vez—.

La reunión se desarrolló en sala de profesores, con mate, café y torta que nos acercó la directora del colegio.

Comenzamos retomando algunas cuestiones de la reunión anterior y la propuesta fue la de volver a analizar la secuencia de 5 actividades, pero desde la perspectiva del docente que podría llevarlas al aula. El propósito era poder anticipar estrategias que podrían poner en juego los alumnos para resolverlas. Trabajamos sobre las actividades 1 y 2.

Sin embargo, con el correr de los encuentros, la bitácora fue cobrando sentidos diferentes. El hecho de que paulatinamente fueran los diferentes miembros de la CoP quienes asumían la responsabilidad de su escritura, permite ver en qué aspectos de la experiencia ponían —según su perspectiva— énfasis. Además, cuando llegó uno de los primeros momentos de armar una planificación conjunta, la bitácora como instrumento sufrió modificaciones para convertirse en un escrito compartido que contenía el conjunto de problemas que se estaba discutiendo. Se fueron incorporando algunos comentarios a tener en cuenta y, fundamentalmente, los análisis didácticos que se iban desarrollando cada reunión (cuadro 16).

Cuadro 16: La bitácora como borrador de trabajo. Fuente: elaboración propia.

Ideas-problemas
BORRADOR DE TRABAJO Y DISCUSIÓN
Trabajo sobre perímetro sin considerar el área
Problema de cuadraditos
Consigna: dibujar 3 cuadrados iguales, construir diferentes figuras sin superponer ni realizar cortes ni dobleces y haciendo coincidir algún vértice o todo un lado.
Algunas dudas que tenemos:

- DIBUJAR O CONSTRUIR. Hay una hipótesis latente de que manipular permite que surjan otras configuraciones que quizás no salgan a la luz si los alumnos dibujan.
- Dárselo dibujados nosotros y que ellos manipulen.

Destacaremos de este extracto una cuestión. Analicemos las palabras que eligen poner como una suerte de título. El mismo da cuenta de que los problemas tienen estatus de ideas, o mejor dicho son una construcción de dos palabras que buscan reflejar el estado germinal del trabajo. Esto también se refuerza por un subtítulo que destaca que es un borrador y que, a la vez, está en estado de discusión.

Compartiremos una nueva versión de esa bitácora, como evolución del instrumento en tanto planificación. Es una versión más completa, que explicita el contexto general, los objetivos propuestos y las características de los problemas a proponer bajo el rótulo de "Recorrido". Pero miremos una segunda versión del borrador de planificación, donde aparecen otras cosas (cuadro 17).

Cuadro 17: La bitácora como planificación. Fuente: elaboración propia.

Ideas-problemas

Borrador de trabajo y discusión

Encuadre general para compartir con los alumnos: Presentar el trabajo como una experiencia de estudio para los profesores dentro del marco del proyecto.

Vamos a trabajar con Geometría. Vamos a estudiar algunas ideas que posiblemente conozcan de años anteriores. Por ejemplo, vamos a estudiar cómo determinar el área y el perímetro de algunas figuras sin necesidad de recurrir a fórmulas, vamos a tratar de diferenciar entre área y perímetro, etcétera.

Como es una experiencia de estudio, vamos a ser varios los profesores en el aula. Vamos a tomar nota de lo que hacen. Vamos a filmar y grabar el audio de lo que discuten. Vamos a trabajar en grupos. La idea es que discutan entre Uds. Que traten de participar todos. Es importante que anoten en sus carpetas lo que trabajamos. Vamos a sacar fotos del pizarrón. Vamos a tomar fotos de sus hojas, etcétera.

Al final les vamos a pedir que Uds. Evalúen la propuesta de trabajo.

Recorrido

A)   Tratar de establecer un conflicto con las ideas en torno al área y al perímetro.
B)   Problemas de cubrimiento

Creemos conveniente destacar que allí describen cómo presentarán a los alumnos la propuesta de trabajo y, que ellos mismos se presentan como estudiantes. Contextualizan el tema que van a trabajar, las posibles relaciones con temas anteriores. Plantean explícitamente que se trata de hallar áreas y perímetros sin recurrir necesariamente a fórmulas. Alientan la participación, destacan el valor de registrar lo trabajado, anticipan que ellos observarán y grabarán lo que produzcan. Finalmente, hablan de que les propondrán a sus alumnos la evaluación de la propuesta de trabajo. Estos elementos encierran una gran riqueza para analizar. No es solo el trabajo documental de profesor, sino que este tipo de registro muestra las potencialidades de contar con la traza de las discusiones, acuerdos e incluso dudas que van surgiendo mientras se arma una propuesta colectiva.

La bitácora, como dijimos anteriormente, tenía como primera finalidad ser un soporte y aporte para la reflexión comunitaria. Pero, ya terminada la experiencia, este instrumento emergió como una nueva herramienta metodológica para la recolección de datos. Decidí recorrer la lectura de todas y cada una de las bitácoras que habían documentado el proceso de trabajo con la CoP. Esta lectura, realizada tiempo después de concluida la experiencia, trató de recuperar los aspectos que a mi juicio habían sido clave para comprender el proceso documental de crecimiento y maduración de la CoP. Esta nueva mirada me permitió interpretar la bitácora como algo más completo y rico de lo que *a priori* había descubierto. En la narración de los hechos, y en las planificaciones, desde una mirada más analítica, emergieron otros elementos que produjeron una transformación de la bitácora al ser vista como herramienta de análisis.

Los datos que aportaban esas bitácoras habían surgido espontáneamente, por así decirlo, de las discusiones entre todos. Para la investigación, se necesitaba generar una herramienta de corte analítico. Precisamente, la perspectiva metodológica asumida dentro del enfoque teórico se centra en el uso de instrumentos que permitan dar cuenta del trabajo documental del profesor. En ese sentido, una herramienta que potenciara la reflexión sobre el trabajo docente, resultaba lo más pertinente. Fue ahí donde nació uno de los aportes sustantivos de la investigación didáctica: la estrategia de la doble relectura de la bitácora, la del investigador cruzado con la de los protagonistas.

Por un lado, yo desde la perspectiva de investigador, realicé una primera relectura del proceso. Por otro, una de las protagonistas, también hizo su propia relectura del proceso narrado en las bitácoras. Llamaremos a esta protagonista Mariela (pseudónimo dado para esta profesora de Química que enseña Matemática en esta escuela). Ya había concluido hacia un tiempo la experiencia, y por medio de un correo electrónico, contacté a tres de los docentes que más liderazgo y protagonismo habían asumido durante el proceso para proponerles este trabajo de volver a leer, de reflexionar sobre el proceso colectivo y a la vez sobre el propio proceso de crecimiento dado a partir de la experiencia. Solamente una de ellas completó el proceso. Veamos algunas reflexiones hechas por la voz de la protagonista (cuadro 18). Este cuadro fue elaborado durante la investigación, a partir de la integración entre los extractos de las bitácoras –izquierda–, con las relecturas hechas por Mariela –derecha– luego de un tiempo de finalizada la experiencia.

Cuadro 18: Extractos comparativos. Fuente: elaboración propia.

Extracto	*Relectura de Mariela*
Cuando los chicos escriben $19 + 28 = 47 \times 10 = 470: 2 = 235$ no es que están pensando mal, sino que están usando el signo "$=$" como en la calculadora, como "es el resultado de", que el "$=$" de la relación de equivalencia es otro uso.	Lo que me impactó en las primeras clases era la forma en la que los docentes en grupo podíamos reflexionar en relación con los que los chicos hacen ante un problema.
Que buscar razones es también algo a enseñar, como modo especial de establecer el valor de verdad en matemática.	Esta frase en aquel momento me resultó llamativa como algo que nunca había hecho en la clase. Ahora me lleva a reflexionar sobre las diferencias entre el docente que era y que soy, no hay secuencia de actividades si en algún punto no tienen que argumentar sobre aquello que encontraron.
Comenzamos retomando algunas cuestiones de la reunión anterior y la propuesta fue la de volver a analizar la secuencia de 5 actividades pero desde la perspectiva del docente que podría llevarlas al aula.	Este trabajo era nuevo para mí, y creo que para los colegas que me acompañaban también. Generalmente se hacía en soledad, con una única opción de lo que iba a pasar. Esto cambió en aquel momento y ahora todos compartimos los trabajos para que los demás los evalúen y vean aquello que no vimos.
Aunque la reflexión refuerza una vez más que esto exige un giro en el tipo de trabajo que los docentes hacemos en el aula para poder romper con la "inercia" de la manipulación simbólica por sí misma.	Esto fue muy significativo, hacer visible que el trabajo docente debía cambiar, hacia este tipo de tareas.
¿Qué estrategias pueden estar disponibles para los alumnos cuando no disponen de la herramienta algebraica para resolver un problema? ¿Cuántos "caminos" debe conocer un profesor frente a un tema?	Al llevar una tarea al aula pensaba cómo resolverla, calculaba los resultados y listo. Cuando se lo daba a los alumnos generalmente resolvían como yo lo había hecho y quizás alguno podía sorprenderme con otra alternativa. ¿Por qué? Porque primero se daba el cómo y no entraba en juego nada más. Esto es totalmente distinto ahora, el cómo es consecuencia de lo que ellos pueden hacer. Las estrategias no son censuradas y en ese clima de trabajo los alumnos se animan a experimentar otros recursos.
...observamos qué y cómo enseñar "van juntos". Transformando el cómo cambia el qué enseñamos.	Todo tiene relación con el primer comentario. Lo resaltado modificó la forma en que un tema era visto en el aula, en los recortes que le hacíamos, en las actividades que seleccionábamos, etc. Obviamente el trabajo fue paulatino, pero constante, a mí, me generaba inseguridad la incertidumbre de que harán los alumnos y si iba ser capaz de resolver cualquier planteo. Hoy no me afecta pues descubrí que aprendemos juntos con los alumnos, que puedo decir "nunca se me había ocurrido" "Tenemos que estudiar si es útil para todos los casos o para este solo",
¿En qué escuelas se pueden realizar estos cambios?, ¿en qué contexto social se puede trabajar? Fernando responde: "Hay que abstraerse del contexto cuando entramos al aula e intentar el cambio, dejar de hacer siempre lo mismo".	Creo que este fue uno de los temas que más sobrevivió durante las discusiones. Esto de si era posible dar clases desde esta perspectiva, con alumnos más activos y docentes construyendo con ellos conocimiento. Por otro lado, la persistencia de la imagen de alumno que fuimos y la creencia de que así se debía ser para aprender.

A partir de las reflexiones de Mariela, podemos dimensionar el impacto que ha tenido en su propio proceso de desarrollo profesional este trabajo en equipo. Concebir e integrar al trabajo cotidiano del profesor las diversas formas que pueden proponer los alumnos a la hora de resolver un problema, valorar el esfuerzo paulatino y progresivo que supuso un cambio en la forma de trabajar, pero por sobre todo, reconocer el invaluable aporte del trabajo colectivo con otros colegas y con los alumnos, con los que también se reconoce la construcción de conocimiento.

6. Conclusiones

Hasta aquí hemos expuesto el lugar principal de la interacción con los recursos como característica fundamental del trabajo del profesor. A la vez, analizamos una experiencia concreta de formación para mostrar toda la potencia que cobra trabajar con otros como "recurso" para el desarrollo de la tarea. Por último, pusimos de relieve el valor de contar con el registro de la traza de lo que se piensa y discute colectivamente para reflexionar sobre la práctica. Sobre esta base, planteamos algunos interrogantes en relación con la formación inicial y continua de los docentes.

¿Se puede formar a los futuros profesores en el trabajo con los recursos? ¿De qué manera? ¿Quiénes serían los responsables de tal empresa? ¿Los docentes de la formación específica o los de las didácticas acaso? Quizás estas preguntas hayan estado presentes todo el tiempo en estas páginas, esperamos que en este sentido este capítulo haya aportado a dar orientaciones para construir una respuesta. En sí, no creemos que sea responsabilidad o atribución exclusiva de uno u otro espacio de formación. Sería una falsa dicotomía que conduciría a una falaz encrucijada. En el relato que compartimos, se evidencia que la clave es el trabajo de reflexión sobre la práctica el que permite a un docente integrar a su propio repertorio los diferentes recursos para enseñar. Puede ser un libro de texto, una serie de actividades, o seguramente la libertad para trabajar con ello como insumo, como recurso, y transformarlo en el propio documento. Como hemos mostrado en la experiencia compartida, un documento curricular o a una investigación didáctica son también herramientas de las cuales los docentes podemos valernos para repensar el acercamiento a un tema al llevarlo al aula. Y, por supuesto, la posibilidad de anticipar lo que podrían hacer los alumnos frente a un problema para luego, a partir de sus producciones, volver sobre lo acontecido y revisar cuáles son las ideas que se construyen. Creemos que esta tarea no resulta natural ni espontánea, ni puede ser solo una responsabilidad de la formación inicial, debería procurarse estar presente en el trabajo diario con los otros. Es aquí donde emerge el segundo interrogante relacionado con las posibilidades y limitaciones del trabajo colectivo en las instituciones.

¿Cómo potenciar estos espacios de trabajo entre docentes? ¿Es posible crear verdaderas Comunidades de Práctica convocadas con el objetivo de mejorar las oportunidades que se les brindan a los alumnos para aprender matemática? La experiencia contada en este texto, por la voz de sus protagonistas, estuvo lejos de realizarse en condiciones ideales. Pero también es cierto que no podemos desconocer que se garantizaron las bases para poder sostenerla en el tiempo. Posiblemente, consideremos que en nuestra propia institución resultaría complejo trabajar con otros, porque muchas veces siquiera compartimos el mismo espacio durante la semana. También podemos considerar que depende de una decisión política establecer mejores condiciones, de tiempo y espacio, para desarrollar este tipo de tarea. De todas maneras, con las posibilidades actuales, deberíamos buscar los mecanismos para discutir con otros. Si volvemos sobre las palabras de Mariela, quizás no se trate de pensar en grandes cambios o condiciones extraordinarias, sino en "tratar de hacer pequeñas modificaciones", estar abiertos, atentos y dispuestos a discutir con otros.

Por último, queremos concluir este capítulo retomando la cuestión del lugar de las teorías didácticas en la formación docente. En mi opinión, aprender nociones teóricas por el hecho de incorporar un vocabulario técnico y sofisticado, carece de interés. Según nuestra postura, las teorías didácticas son útiles en la medida que aportan maneras de problematizar fenómenos relacionados con la enseñanza y permiten, no solamente comprenderlos, sino que contribuyen fundamentalmente a brindar herramientas para la mejora. En este sentido, creemos que los aportes de la teoría documental han mostrado su gran potencial para explicar el trabajo del profesor en relación con los recursos para la enseñanza, a la vez que para dar instrumentos para pensar y repensar la formación de los futuros docentes.

7. Bibliografía

Adler, J. (2000). "Conceptualising resources as a theme for teacher education", *Journal of Mathematics teacher Education* N°. 3, pp. 205-224.

Arcavi, A. (1994). "Symbol sense: Informal sense-making in Formal Mathematics", *For the Learning of Mathematics*, Vol. 3.

Berté A. (1999). *Matemática dinámica*, traducción de Margarita Caffaro. Buenos Aires: A. Z. editora.

Bifano, F. (2014). *El proceso de la integración de recursos y el desarrollo profesional docente, individual y comunitario. Relecturas de las Bitácoras de la formación desde el Enfoque Documental*. Tesis de Maestría sin publicar. Buenos Aires: Universidad Nacional de San Martín.

Broitman, C. y Itzcovich, H. (2008). *Explorar en Matemática 7*. Libro del docente. Buenos Aires: Santillana, p. 144.

Brousseau, G. (1993). *Fundamentos y métodos de la Didáctica de la Matemática, en: Trabajos de Matemática*. Córdoba: FAMAF, Universidad de Córdoba. Disponible en: http://fractus.mat.uson.mx/papers/Brousseau/Fundamentos.pdf.

——. (2007). *Iniciación al estudio de la Teoría de Situaciones Didácticas*. Buenos Aires: Editorial Libros del Zorzal.

Chevallard, Y (1992). *Intégration et viabilité des objets informatiques dans l'enseignement des mathématiques*. Contribution à l'ouvrage dirigé par B. Cornu, L'ordinateur pour enseigner les mathématiques. Paris: PUF, 1992, pp. 183-203. Disponible en línea http://yves.chevallard.free.fr/spip/spip/article.php3?id_article=116.

——. (1997). *La trasposición didáctica. Del saber sabio al saber enseñado*. Buenos Aires: Aiqué.

González-López, M. J.; Polo, I. y Recio, T. (2009): *Intergeo: búsqueda y evaluación de recursos de Geometría Dinámica*. Proceedings of the II Jornada de l'Associació Catalana de GeoGebra (ACG): SUMA.

Gueudet, G. y Trouche, L. (2009). "Towards new documentation systems for mathematics teachers?", *Educational Studies in Mathematics* 71(3), pp. 199-218.

——. (2010). "Des ressources aux documents, travail de professeur et genèses documentaires". En Gueudet, G. y Trouche, L. (dir.). *Ressources vives. Le travail documentaire des professeurs en mathématiques*. Rennes: Presses Universitaires de Rennes, pp. 57-74.

Sabra, H. (2011). *Contribution à l'étude du travail documentaire des enseignants de mathématiques : les incidents comme révélateurs des rapports entre documentations individuelle et communautaire*. Thèse de Doctorat. Université Claude Bernard - Lyon I.

Wenger, E. (2001). *Comunidades de práctica: aprendizaje, significado e identidad*. Buenos Aires: Paidós.